微商成长手册

移动互联网引爆微商创业模式，再小的个体也能创业

微商成长手册

任淑美 /著

中国商业出版社

图书在版编目（CIP）数据

微商成长手册 / 任淑美著 . — 北京：中国商业出版社，2016.9
　ISBN 978-7-5044-9565-5

　Ⅰ．①微… Ⅱ．①任… Ⅲ．①网络营销
Ⅳ．① F713.36

中国版本图书馆 CIP 数据核字 (2016) 第 215197 号

责任编辑：唐伟荣

中国商业出版社出版发行
010-63180647　　www.c-cbook.com
(100053　北京广安门内报国寺 1 号)
新华书店总店北京发行所经销
北京时捷印刷有限公司印刷
*
710×1000 毫米　1/16　18 印张　230 千字
2017 年 1 月第 1 版　　2017 年 1 月第 1 次印刷
定价：42.80 元

* * * *

（如有印装质量问题可更换）

前言
PREFACE

  2014年，微商成为移动互联网最火爆的话题；2015年，微商成为朋友圈最热门的创业群体；时至今日，微商已经是一个被大众所认知的领域，微商群体日渐庞大，资本开始涌进微商领域。

  最先涉水微商领域的，有的从个体创业发展为规范化公司，有的成为资本追捧的创业网红。

  在激烈竞争下，微商不断面临洗牌、淘汰。如何在商战中保有一条活路？成了微商最想知道的。

  现在，《微商成长手册》就告诉你答案。

  本书没有空洞的学术探讨，也没有宏篇大论的理论分析，而是一本可以拿来即用的实战宝典，既可以指导读者从零起步开始微商创业，也可以帮助微商运用有效的方法快速成长起来。

  本书紧扣微商如何创业这一主题，从"实用"的角度，详细地介绍了微商创业的商业模式，如何选择合适的平台，如何选择创业项目，创业启动后如何有效引流、吸粉，如何开展营销工作等。每一章都有实用的技巧、策略，每一章结合一个案例分析来辅助说明，为微商从各种引流方式、营销方法中掘金提供绝佳指导和实战策略。

本书主要有以下三个特色。

1. 内容全面，专业性强。本书结构完整，"启动微商创业篇"主要告诉你如何踏上微商之路，开始微商创业；"引流、吸粉、营销篇"主要告诉你微商的推广技巧和营销实战方法。

2. 模式最新。本书配有大量流程图，让你一目了然地看清微商创业和发展的各类知识要点，让初入微商行业的从业者能够更快地掌握相关方法技巧，从而走上微商成功之路。

3. 编排精美，内容详尽，讲解清晰。本书力求让读者活学活用，在经营过程中实践技巧，并转化为实实在在的收益，早日走上快速赢利的良性经营道路。

本书的读者对象为：

想通过网络实现创业梦想的有志青年；

即将毕业或已经毕业，想要创业的大学生；

拥有实体店，想要扩展经营的店主；

已经是微商，正在寻求突破的卖家；

淘宝店主；

想开展兼职工作的办公室工作一族；

……

也许你正在为找不到工作而发愁，或者在抱怨工作的巨大压力，又或者为无法自主创业而焦虑……幸运的是，你看到了这本《微商成长手册》。本书将带领你走入微商创业领域，让你踏入最前沿的创业潮流，下一个被资本追捧的创业明星或许就是你！

现在，你需要的就是开始行动，立即行动起来！

目 录
CONTENTS

第1篇　启动微商创业

第1章　再小的个体也能创业——微商之路
微商=移动社交电商 / 004
微商带来的创业机遇 / 006
微商创业得天独厚的三大优势 / 010
个体微商的4种创业思路 / 012
微商赚钱的模式 / 015
微商的进货渠道 / 018
微商的未来趋势 / 023
微商实战案例解析1：全职妈妈做微商经营"妈妈圈" / 026

第2章　微商的核心商业模式
自媒体——用内容创业 / 030
自明星——网红之路 / 033
销售产品——直接获利 / 039
提供服务——随时随地盈利 / 045
社会化分销——找到精准用户 / 048
微商实战案例解析2：瑞丰堂的微商之路 / 051

第3章　微商创业的各大平台
微信小店：微商的重要阵地 / 054

京东微店：微商的另一个发财地 / 058
拍拍微店：降低个人商家开店门槛 / 062
微店网：使每个人都有一个"微店" / 066
口袋微店：全网移动购物导购APP / 069
微盟旺铺：商家便利的新营销渠道 / 073
开旺铺：开启微商美好时代 / 076
金元宝：更好地服务于客户 / 078
微商实战案例解析3：印美图在微信小店的销售神话 / 083

第4章 创业定位，选择创业项目

微商选择项目的6大原则 / 086
微商如何充分挖掘产品卖点 / 090
预测产品是否会畅销的两个有效手段 / 094
光盘虚拟项目，空手赚钱快 / 096
快消项目：给用户推送多种选择 / 098
娱乐项目：了解客户的心理需求 / 100
旅游项目：向用户提供更加个性化和人性化的服务 / 103
服装项目：给用户提供多方面的服装信息 / 106
微商实战案例解析4：经典绘本项目，精准营销 / 109

第5章 组建微商创业团队

微商组建团队的3大原因 / 112
如何构建一个出色的微商团队 / 114
如何防止团队成员"跳槽" / 117
扩大微商团队的关键因素：团队领袖和吸引人才 / 120
如何有效管理微商团队 / 123
淘汰不合格团队成员 / 128
微商团队运营的3大误区 / 130
微商团队管理常见问题与解析 / 132
微商团队业绩下滑的3大因素 / 136
微商实战案例解析5：伊世一周组建千人"小白"团队 / 138

第2篇 引流、吸粉、营销

第6章 精准推广——社群营销
什么是社群营销 / 142
自建社群：打造有影响力的社群 / 145
加入社群：借助他人的社群营销 / 149
微信群营销：微商重要的社群营销阵地 / 152
QQ群营销：最简单高效的社群营销方法 / 155
微商实战案例解析6：赫斯佩儿的"微商+社群"的全新玩法 / 157

第7章 微信朋友圈营销——熟人经济
朋友圈营销所需的硬件设备 / 160
朋友圈营销最基本的5个技能装备 / 162
朋友圈发布信息4大要素 / 167
朋友圈如何发布图文并茂的广告 / 171
朋友圈互动的两个技巧：点赞和评论 / 174
如何在朋友圈发起活动 / 177
朋友圈如何快速吸粉 / 179
朋友圈最有价值的广告：晒好评 / 183
朋友圈推送广告原则：结合用户需求推送 / 186
微商实战案例解析7：90后如何利用朋友圈月入2万元 / 189

第8章 内容营销：吸引粉丝的终极策略
什么是内容营销 / 192
内容写作的4大要点 / 195
确立内容主题 / 197
拟定内容标题 / 200
内容正文写作 / 203
情感是内容营销的重要素材之一 / 205
不露声色将产品融入内容中 / 207

正文中放置关键词　/　210

内容收尾的巧妙构思　/　214

微商实战案例解析8：杜蕾斯微信内容营销的两大技巧　/　216

第9章　微商引流——线上引流+线下引流

论坛引流　/　220

百度引流　/　227

分类门户网站引流　/　232

微信红包引流　/　233

百度文库引流　/　234

豆瓣引流　/　237

妈妈族引流　/　240

同行互推引流　/　241

店铺线下引流　/　242

宣传单引流　/　243

附近的人引流　/　244

产品包装引流　/　246

海报专柜引流　/　247

微商实战案例解析9：公众号强大的内容营销能力　/　248

第10章　微商实战营销技巧

口碑营销：提升店铺形象　/　252

病毒营销：扩大自身影响　/　255

分类营销：有针对性的营销　/　260

视频营销：吸引精准粉丝　/　262

价值营销：创造出新的竞争优势　/　265

活动营销：增强粉丝的黏性　/　269

饥饿营销：维持商品较高售价和利润　/　274

微商实战案例解析10：My Meals公司利用病毒营销摆脱困境　/　277

第1篇
启动微商创业

2016年，微商对于大众来说已经不再新鲜，但对于想利用微商创业的人来说，现在涉足还不算太晚。如果你想做微商，那么，从现在开始翻看本书的第1篇，踏上微商之路，了解什么是微商，微商的核心商业模式有哪些，微商有哪些创业平台和创业项目可供你选择，如何组建属于你的微商团队。

第1章 再小的个体也能创业——微商之路

说到梦想，人人都有，而大部分人也为之付出了行动，但真正成功的却很少。为什么呢？原因就在于是否选对了"路"。每个人都有属于自己的创业之路，当你错过了"外贸""股市""房地产""淘宝"，你不禁会在心里问：我的创业之路在哪里？非常肯定地告诉你：微商创业，即使你的规模再微小，也能行。

微商=移动社交电商

对于微商的定义，可以概括为企业或个人基于社会化媒体开店的新型电商，简而言之就是移动社交电商，通俗点说就是在移动端进行商品售卖的商家。

微商来源于微博，当电商大行其道的时候，有人为了推广产品，开始使用微博宣传，接着便直接在微博上卖产品。但是，由于微博沟通不方便，便开始利用微信进行沟通。待微信累积许多好友后，于是又开始直接在微信上卖产品，这就形成了最原始的微商。下面是原始微商发展图。

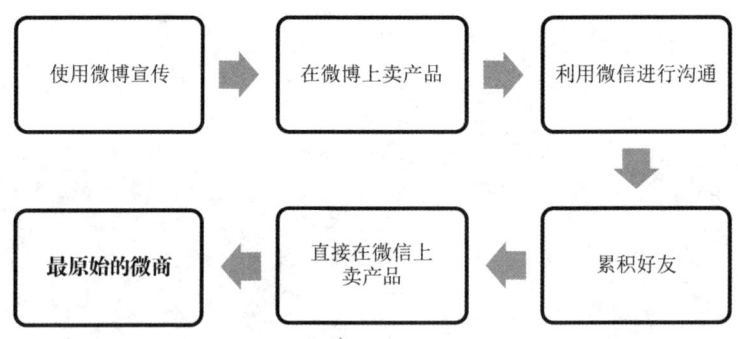

微商是由微博微信推广开来，正是因为这两样应用的异常火爆，所以微商带了"微"这个字。

但"微"不仅仅指微博和微信，主要是基于移动互联网层面的生态环境，它更多代表的是移动互联网时代的一种商业模式。

说完了"微"，那什么是"商"呢？"商"更多的是构建基于移动互联网的商业模式的创业家。

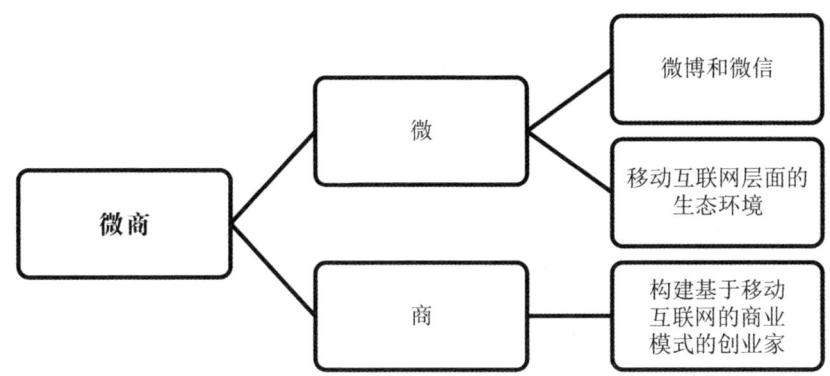

在这里我们之所以把微商称为创业家，而不是个体户，是因为每个个体刚开始做微商时的确非常"微小"，可能就是一个人、一部手机，从朋友圈开始卖产品。

如果把微信平台比喻成一个不需要任何成本的店面，那么，这个店面有着许许多多的产品，每天靠不停地刷屏、吆喝来赚钱的人，不可能称之为微商。

需要牢记的是：微商是一种创业潮流、一种创业趋势，微商一定是创业家，而不是单纯的"店员"。

微商攻略总结

当开启微商之路，希望在移动互联网时代掘金，肯定不仅仅是把过去个体户或者路边摊的方式搬到互联网平台上来，而是要做"构建基于移动互联网的商业模式的创业家"。既然带一个"家"字，创业者就不要把自己当成一个路边摊的小贩，而且也不要用这种思维经营自己的微商事业，以及经营自己的人品，而要将自己的创业定位得更高一些。

微商带来的创业机遇

微商发展至今，成就了很多草根创业者。因为"草根"，只能低成本投入，而微商与之契合，所以这一批人能快速进入微商市场并且打造自己的微商团队，裂变自然就非常快了。

微商的高速发展，势必会给一些人带来很多创业机遇。那么，微商究竟会给哪些人带来哪些机遇呢？如下图所示。

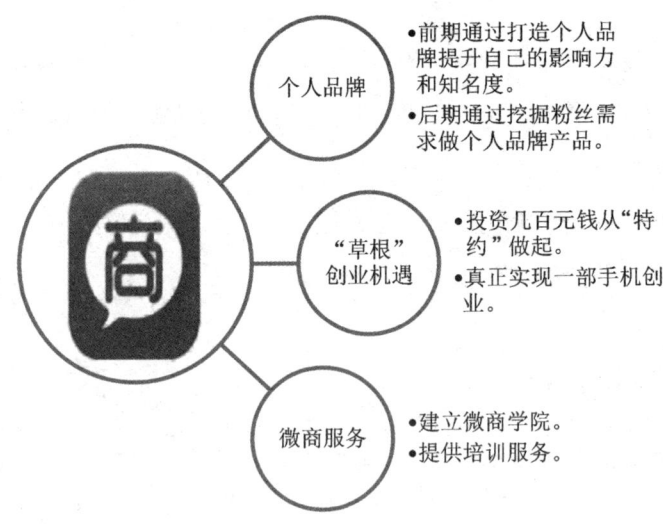

1. 给"草根"创业者带来创业机遇

微商创业简单便捷，有时只要一部智能手机就行，这样低成本的创业方式给"草根"创业者带来了很多机会，这也是微商发展迅速的

第1章 再小的个体也能创业——微商之路

原因之一。

为什么说微商给"草根"创业者带来了创业机遇，主要是源于三大原因。

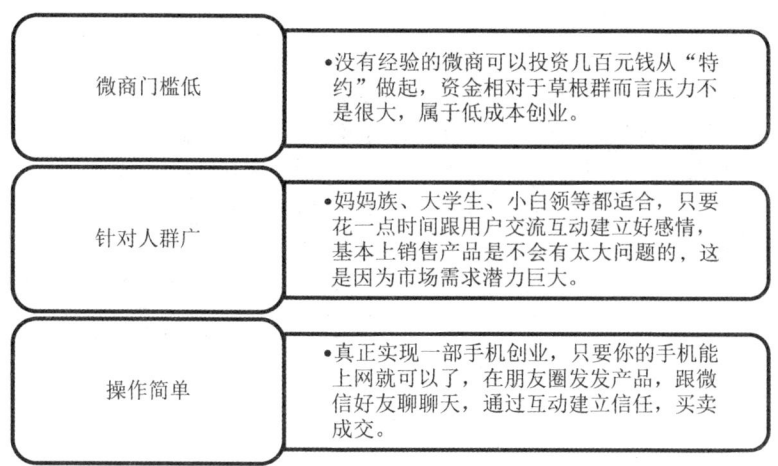

那么，什么是"草根"创业者呢？微商又适合哪些"草根"创业者？适合做微商的"草根"创业者很多，主要有以下群体。

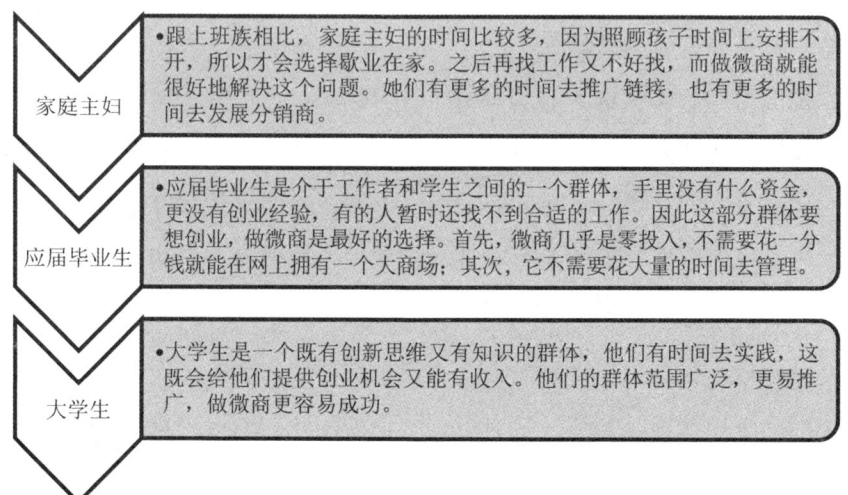

2. 自创品牌

一些做微商的人，拥有了自己的团队和一定的粉丝基础后，完全可以创立自己的品牌。

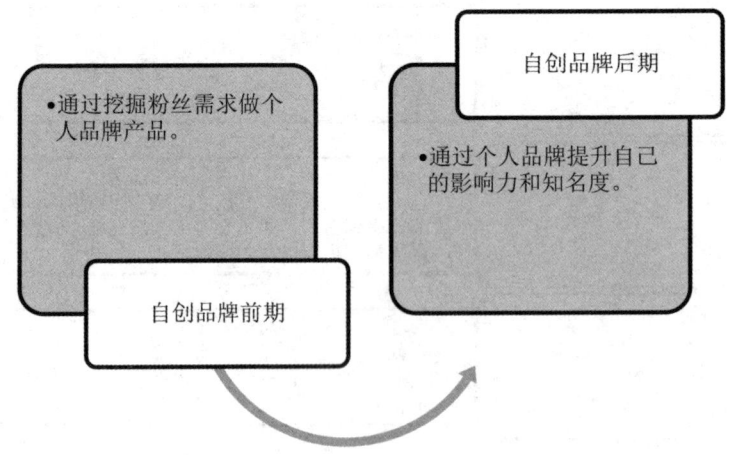

如今的微商界有很多这样的成功案例，前期通过以前积累的粉丝打造自己的知名度，然后开始自己打造新产品，最后再把产品拿出来做品牌。

当然，自创品牌离不开粉丝的关注。而粉丝更多的来源是基于对品牌的认可，微商玩的也是品牌。

微商给创业团队带来很多自创品牌的机会，也炒火了很多不知名的品牌，只要你前期有粉丝、有团队，推广一个品牌是相对简单的事情。

传统互联网，做一个品牌还需要上电视、请明星代言。做微商，只要你的产品品质好、品牌传播具有互联网思维、包装具有格调，粉丝就会为你的品牌自发传播。

有趣好玩，让用户得到好处，用户自然就会为你的品牌去传播。大众为你的品牌做传播，知名度就有了，再借助团队的力量销售产品是最好的方式。

那么,哪一类人群适合做自创品牌呢?

答案就是:公司白领。公司白领一般都是朝九晚五的上班族,工作比较规律,做微商既不耽误工作又能赚到钱,让自己的生活更加富足。

3. 给微商服务商带来微商培训事业的机遇

微商的火爆也催生了一批微商服务商,造就了微商培训事业的兴起。如何服务好6000多万微商群体,教他们做好微商,给他们提供服务也是一个大市场、好机遇。

很多人开始做微商是非常迷茫的,不懂得营销技巧,不知道如何写朋友圈内容,甚至还有一些人可能连最基本的微信功能都不会操作。

微商服务是一个较大的市场,之前从事过微营销相关工作的老师在这方面就可以下功夫,建立自己的微商学院,给从业者提供培训服务。

用亲身经历所获得的知识,以培训的方式帮助微商进步和成长,一系列的微商学院和微商俱乐部会衍生出来,带领微商少走弯路。

在这里需要提醒微商服务商这一类创业人群,在做微商培训时,切记不要像以前那样只讲一些理论知识。

未来的微商培训一定是专业化、落地化、实操化走向,理论派必定做不下去,要让微商真正解决问题,指导他们如何提升销售业绩,而不是告诉他们要提升业绩。

微商攻略总结

微商是一个新兴的事物,从其发展前景以及目前的状况来看,必然会给更多人的生活带来翻天覆地的变化,也会有更多人适合做微商。

微商创业得天独厚的三大优势

微商创业是当前创业者的良好机遇。为什么这么说呢？因为微商创业具有一些得天独厚的优势。

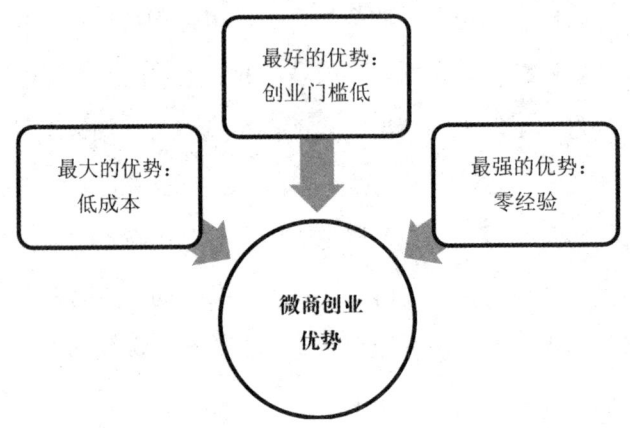

最大的优势：低成本

微商创业需要的硬件只是一部手机、一个微信账号即可，不仅没有场地费用，也无须高额的推广费用。

当个人微商成功后，想要加入一个微商团或建立团队，都不需要像传统公司一样需要自己管理，你只需要找到一个靠谱的团队加入，或者搭建一个属于自己的团队平台。每个成员都是一个点，相互关联又相互独立，不需要你给他们发工资，大家又能共同创造价值，抱团取暖。所以说，微商最大的优势就是零成本。

第1章 再小的个体也能创业——微商之路

最好的优势：创业门槛低

如今的市场，不管做什么都有门槛。比如开餐厅，你需要懂厨艺或有资金；开服装店，你需要懂搭配或有店铺……而传统的电商是信息流，是人与电脑、人与信息、信息与信息的交互，无法通过分享的方式实现代理机制，消费者只能自发地传播帮助商家实现宣传、引流。

而微商创业完全没有起点，主要阵地是朋友圈，是人与人之间的社交关系，朋友圈的强关联关系形成了一个个相互交织的圈层，通过分享吸引大量的消费者围观和购买，即可以通过自身的分享实现销售。微商无须任何库存，只需要从自我分享出发，实现微商创业起步。所以说，微商最好的优势就是零起点。

最强的优势：零经验

微商是社交电商，而社交又是每个人的天性，每个人从出生开始就在学习社交，所以微商创业者无须任何多余的经验，只需要发挥本性就可以开始创业之路，其他一切都可以通过边实践、边学习、边积累来完成。所以说，微商最强的优势就是零经验。

微商攻略总结

微商之所以给很多草根带来创业机遇，就是源于这3大优势。对于想利用微商创业或想学习微商创业的人，只有知道了这3大优势，才能毫无顾虑地投入到微商创业的道路上来。

个体微商的4种创业思路

结合创业机遇,有4种个体微商创业思路,希望可以帮大家看清自己未来可以走哪一条路。

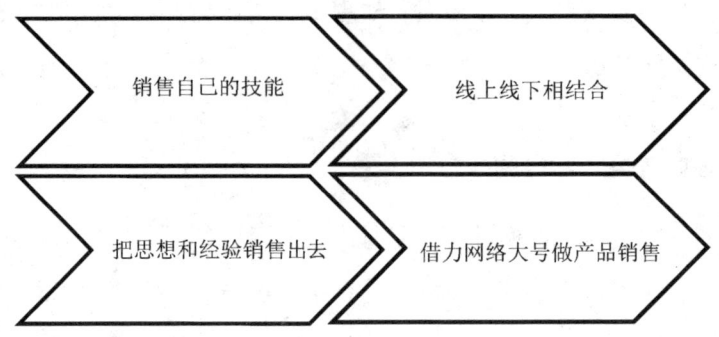

第1种创业思路:销售自己的技能

在微商群体中,并不是每个人都想要通过微信卖产品或自创品牌,还有很多人或企业有其他各种各样的需求。而这种需求需要有技能或经验的人来帮助他们解决。于是,诞生了做微信网站的、做微信个人名片的、做微信喜帖的、做调查表格的,这些都是通过微信营销衍生的技术和产品。

比如,微商中能写会写的人很少,大多数的人在写文案的时候就会词穷,而你具有写作技能,刚好可以帮助微商写销售文案。

销售自己的技能,帮助更多人快速走向成功,也将是新型的微商创业思路,所以千万不要小看自己的技能。

第2种创业思路：把思想和经验销售出去

不管你从事的是什么行业，紧盯一个行业，深挖下去，从了解到有所见解，并且把自己的见解分享出去就可以成为意见领袖。

成为意见领袖的最好的方式就是把思想和经验分享出去。这里给出几个建议，让你变得更有思想，如下图所示。

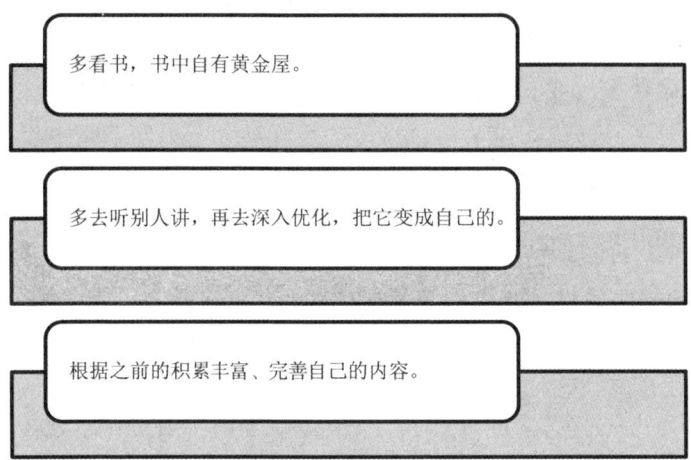

第3种创业思路：借力网络大号做产品销售

当你在微信中搜索"吃货""吃喝玩乐"，就会搜出几十个认证账号，如果利用这些账号做营销，会是什么效果呢？来看下面这样一个案例：有一个卖桃子的微商，与一个吃货类微信订阅号合作，一起卖桃子。这个订阅号有10万粉丝，仅仅一个月，成交额达到50万元。

这个思路可以套用到其他产品，无限放大，例如，苹果、石榴、香蕉、杨梅等，都可以通过微信订阅号，找到微信的精准客户群。这就是借力网络大号做产品销售。

借力网络大号做产品销售需要注意3个事项，如下图所示。

选择产品	文案美图	付款方式
•产品附加值高、大众重复消费、标准化、可传播。	•攻心的文案和诱人的图片，会提高成交率。我们把营销文案做好，让想帮助我们的人用最"傻瓜"的方式动手转发，就能赚钱。	•付款简单、便捷，首选微信支付。

不管做什么行业，一定可以找到有潜在客户的微信群体，你要做的只有四个字：立刻行动！借力就是这么容易，网络上充满了机会，你需要立刻行动！

第4种创业思路：线上线下相结合

微商朋友们总是说，自己在微信中添加1000个陌生人，有900个都是微商，产品不知道卖给谁。那么，如果你在线下面对面添加100人，会有多少个微商呢？他们回答的是"也就3~5个"。

线下的客户才是做微商的目标客户，虽然他们不做微商，但他们对于微商这个职业充满了好奇，我们很容易成为他们的微商导师和移动互联网的领路人。

所以，一定要多走出去看一看、转一转，多参与到圈子中去分享知识，走出去才能看到更美好的未来，不要困在自己的小圈子中。未来的微商形态会从线上走到线下，见过面的人都有可能成为我们的合作伙伴，这是目前最火也是最落地的"O2O"概念，我们称之为"线上线下相结合"。

第1章 再小的个体也能创业——微商之路

微商赚钱的模式

前面几节说了微商的创业机遇和思路，让我们知道做微商确实有钱赚、有前途。但是，你知道做微商怎么赚钱吗？也就是说微商赚钱的模式有哪些呢？

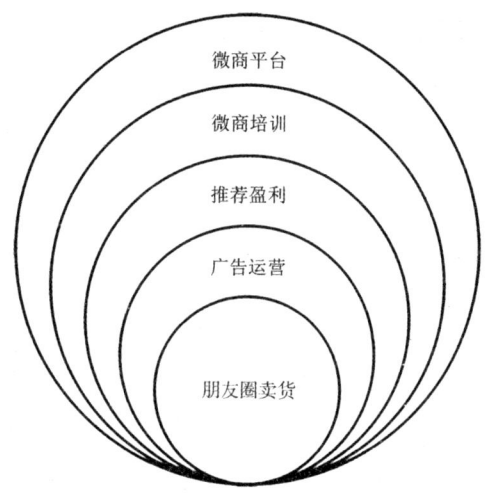

模式1：朋友圈卖货

如今，只要我们打开朋友圈，就会发现许多人在发广告、晒单、推产品。因为在朋友圈卖货简单、容易上手，所以是微商采用最多的一种形式。

只要你朋友圈有人，那么你进货、发朋友圈，就可以卖了。但是卖什么，什么适合你卖，这里就有一定的讲究和学问了。有些人适合卖面膜，有些人适合卖瘦身产品，有些人适合卖彩妆，有些人适合卖农产品。只要你找到适合自己的产品，加上自己的营销，就一定可以获得业绩。

有些产品适合自己，但却不是自己朋友圈中的人喜欢的，那你也卖不出去。所以卖什么产品也要根据你的人脉圈、个人特点、经验等来选择。在朋友圈卖货之前，你要问问自己：这个产品适合在朋友圈销售吗？

模式2：广告运营

投放广告必须达到一定的条件，基本要求是粉丝数量必须达到1万以上，同时这些粉丝的活跃度很高。

每个人的粉丝数量不同，影响力不同，广告价格也不一样。每个人都有自己的圈子，都有自己的粉丝，如果你认为自己有一定的影响力，也可以尝试接一下广告，只要运营得好，也能取得不错的效果。

模式3：推荐盈利

推荐盈利有两种模式。

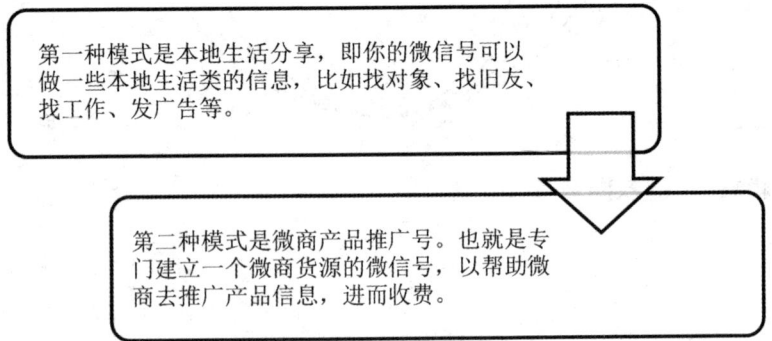

第一种模式是本地生活分享，即你的微信号可以做一些本地生活类的信息，比如找对象、找旧友、找工作、发广告等。

第二种模式是微商产品推广号。也就是专门建立一个微商货源的微信号，以帮助微商去推广产品信息，进而收费。

模式4：微商培训

对于有经验的微商来说，可以对一些微商新手进行培训，目前比较流行的有两种培训方法。

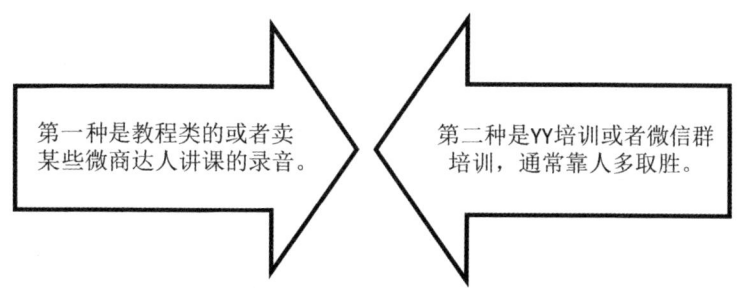

经常可以在朋友圈看到"某某人今晚8点分享微信如何加粉,想听的拉你进群"等消息,各种微信群培训、线下培训在微商界的迅猛推出,促进了这一行业的蓬勃发展。

需要注意的是:现在微商培训鱼龙混杂,微商培训市场很不规范。很多培训机构或者个人根本没有做过微商,自己也不懂微商,只是看到这个行业赚钱,就开班瞎忽悠。

模式5:微商平台

不管是哪个行业,当发展到一定规模的时候,都需要平台的支持,尤其是与互联网相关的行业。微商也不例外。微商除了一些个人卖产品之外,很多企业也利用微商来经营,它们就需要系统来为它们提供接单、结算、售后等平台。如微店、微商城、分销系统等,都是因为微商而诞生的平台,并且都发展得不错。

目前做得最好的微商系统有京东微店、拍拍微店等,很多企业都用这几个平台开微店。未来微商发展到一定的规模时,微商平台会显得越来越重要,朋友圈营销功能则会弱化,不管是企业还是个人,都会用到平台。

总之,每个从事微商的人都可以找到适合自己的赚钱模式。

微商的进货渠道

当你想进入微商这一领域时，肯定需要货源，以便正式开始微商创业。那么，如何才能找到最合适的货源呢？本节总结了微商的3大进货渠道，你可以选择一种适合自己的进货渠道。如下表所示。

进货渠道	优势	适合人群
阿里巴巴	为很多小卖家提供了很大的选择空间；查找信息方便；为微商们提供了相应的服务；起拍量很小。	所有人
批发市场	能够看到实体货物，质量可以把控。	所有人
网络代销	免除了存货的麻烦，又可以轻松赚钱。	自己没有太多本钱和害怕承担风险，只是想尝试一下微商

下面一一详述各个渠道的优势与特点，以便于微商们更好地选择进货渠道。

1. 阿里巴巴：选择空间大

阿里巴巴是目前中国最大的网络批发平台，在批发产品方面，充分显示了它的优越性，为很多小地方的卖家提供了很大的选择空间。它不仅查找信息方便，也专门为微商们提供了相应的服务，且起拍量很小。

阿里巴巴的进货流程分为找供应商和发布求购信息两种方式，具体流程如下。

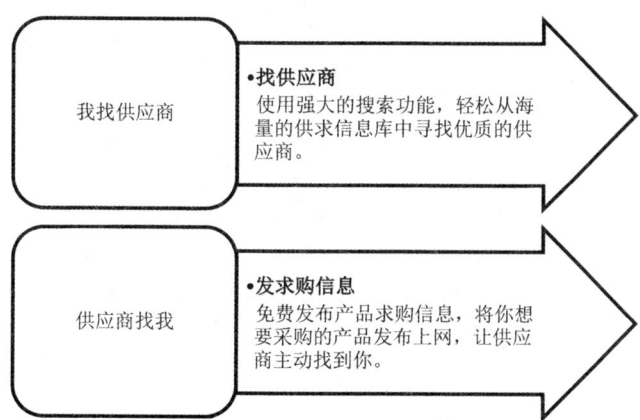

阿里巴巴不仅有批发进货，还有小额的拍卖进货，这都是微商们喜欢的进货方式。和商家沟通尽量使用"贸易通"，如果产生贸易纠纷，也好作为证据。第一次进货的时候尽量选择本地的厂家或是公司，这样方便上门取货。

需要注意的是，在"阿里巴巴"网站最好自己注册一个"诚信通"，能够看到各供应商的详细联系资料。另外，还可以和其负责人实时沟通，即使没有达成共识，但至少可以了解更多进货的详情。

微商攻略总结

网络进货存在着一定的虚拟性，所以选择商家的时候一定要谨慎再谨慎，一定要选择比较可靠的公司进行交易。

2. 批发市场：可以看到实体货物，把控质量

去批发市场进货有以下4大优势。

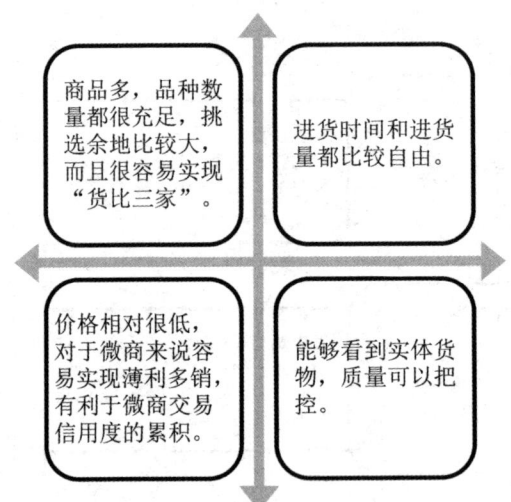

微商创业时，必须要解决一个问题：经销什么商品。也就是说，微商要通过微店卖什么商品，货源从何而来。

最好是锁定一个主题，卖电子产品的就别想着还要卖服装，卖服装的也别卖什么食品。

好的商品是微商创业成功的基础。微商可以上网搜索一下，看看什么商品在网上热门、需求量大。

如果你是新手，那最好还是做自己熟悉的、感兴趣的商品。比如你喜欢图书，有自己的作品和资源，就可以卖图书。

3.网络代销：免除了存货的麻烦

所谓网络代销就是微商在微店或朋友圈展示供货商的产品，供货商代发货，微商赚取产品差价。

网络代销适合没有太多本钱和害怕风险，只是想尝试一下的微商。

网络代销作为一个微商经营方式越来越受到人们的喜欢，既免除了存货的麻烦，又可以轻松赚钱，一举多得，是一种非常好的创业方式。微商可以通过C2C网站来找商家，比如在阿里巴巴中输入"网店代销""网店代理"，也可以通过专门的代销网站查找。

网络代销主要有3大特点。

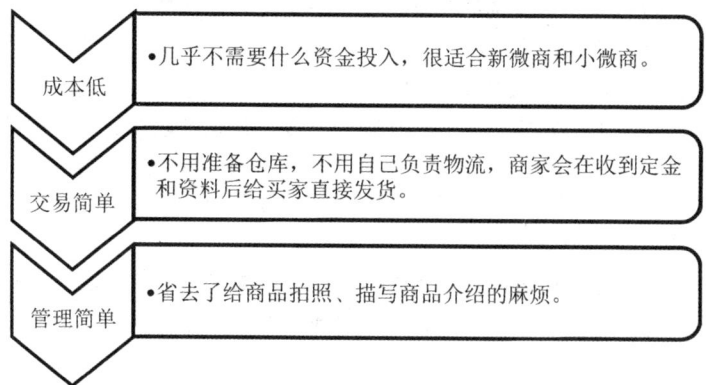

虽然网络代销有如此多的好处，但并不是所有的产品都适合代销。微商需要选择网上热销的产品进行代销，比如年轻女性们、爱美女士们喜欢日韩版服装、鞋帽、饰品、化妆品等产品；"时尚一族"喜欢数码、手机、IT产品；年轻夫妇喜欢时尚家居。

当然，微商也可以根据自己的情况来选择代销的产品。

在搜索引擎中搜索你想要卖的产品，可以找到很多销售该产品的商家或代理商，其中可能就有适合你的代理商。

如果你想更精确地搜索代理商，可以使用下面3种搜索方法。

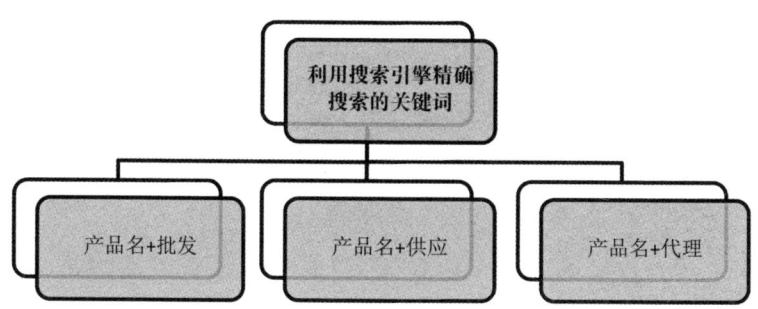

微商攻略总结

由于网络代销不能直接接触商品，所以对商品质量、库存和售后服务不会有很大的把握，在挑选的时候也要找一些比较正规的供货商，根据自身的要求选择最合适的商品。

微商在进货时一定要做到货比三家，在比较价格、货品质量、款式、批发数量等的同时，更重要的是要比较信誉度。比如可以浏览多个相关网站的留言板，看看其他人对相关供货商的评价。还可以尝试与相关的供货商多沟通，如果确有意向，一定要询问对方的固定电话和联系地址，多方了解其真实性。

另外，对于本身是供货商的微商来说，只需提供营业执照的复印件等相关资质材料，通过审核后，即可入驻微商的批发市场，为其他卖家提供货源。

第1章 再小的个体也能创业——微商之路

微商的未来趋势

2014年，微商成为移动互联网最火爆的话题；2015年，微商成为朋友圈最热门的创业群体。微商数量不断在增加，微商已经是一个被大众所青睐的创业领域。

那么，未来微商的发展之路是怎样的呢？

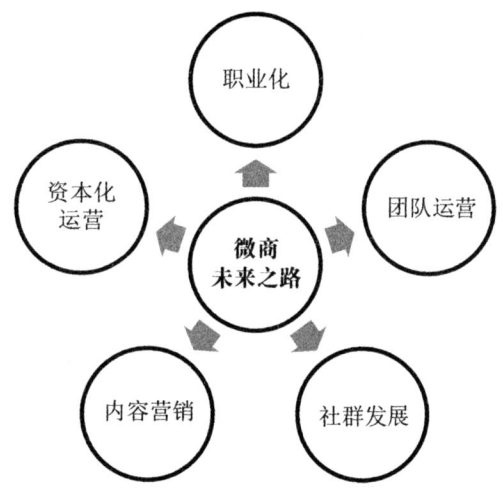

1. 职业化

2014年微商火爆了整个营销界，微商从业人员已达2000余万。很多兼职做微商的伙伴都赚钱了，有些人赚的钱比月薪族的工资要高得多。试想，如果你的员工兼职做微商的收入都超过他在公司上班的收入会怎么样？

很简单，如果收入稳定，他们一定会跳出来向职业化微商发展。

还有一些拥有团队和实力的微商会选择自建品牌，因为做代理毕竟是给他人做嫁衣，不是长久之计，最终还是要做自己的产品。相信未来几年微商一定会成为最热门的职业。

2. 团队运营

2016年是微商抱团取暖的一年。微商创业需要团队的合作来完成，团队成员各有所长，取长补短，协作分工。只有通过团队协作才能更好地发展前进。

2015年大多数微商还是停留在单打独斗的阶段，2016年大量公司进入微商领域，无论从资本、人力来说，大公司都占有较大的优势。一些小的代理商或者个体单打独斗，必然举步维艰。如果不组建自己的团队，那么必然被大公司淘汰出局。

在竞争激烈下，微商不断面临洗牌、淘汰，抱团发展、合作共赢是微商必走的路。

3. 社群发展

社群是2016年移动互联网界最热关键词之一，微商也要玩社群，不要仅仅局限于朋友圈刷屏。通过社群连接你的粉丝，建立强关系。

社群是最重要的流量入口之一，在微商从业者越来越多的情况下，简单点赞是很难将弱关系打造成强关系的。所以要建立社群，通过社群维护自己的圈子和用户。

4. 内容营销

内容营销指的是微商要传播有价值的内容，而不是乱刷屏。发布在朋友圈的内容尽量是原创的,个性化的原创内容更能形成自己的特色。

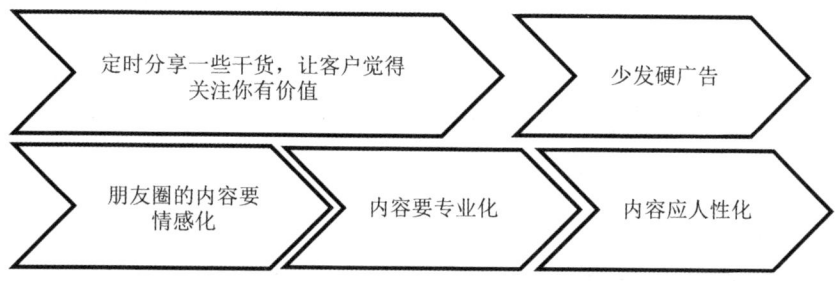

5. 资本化运营

目前微商已经有6000多万群体,但是大部分都以个体散户为主,没有形成一定的规模。从大量化妆品已经进入微商界可以看出,微商即将面临行业洗牌。微商创业门槛逐渐提高,竞争会越来越激烈,小品牌被市场主流品牌吞并是必然的趋势。

2015年微商总销售额达2000亿元,千亿商机的市场空间还很大,很多投资商、资本家必然会看好微商这块蛋糕,慢慢地进入微商界,进行资本化运营,未来这种趋势会更加激烈。

微商实战案例解析1：全职妈妈做微商经营"妈妈圈"

这个案例的主人公是一位出生于1986年的妈妈，名叫陈程，结婚两年多，育有一个儿子。原本是全职家庭主妇的她，却在机缘巧合的情况下进入了微商这个行业。

下面就来看看陈程是怎么走上微商之路的。

2014年年初，陈程刚结婚，双方家里条件都不是很好，结婚时也没什么积蓄，生活也并非婚前想得那么美好。在结婚后不久陈程就生下了儿子，让原本拮据的生活更是堪忧。

生完小孩后陈程在家休息了几个月，希望做点什么，在家就可以赚点钱，贴补家用。说做就做，在接下来的时间里，陈程开始寻找、留意坐在家里就可以赚钱的生意。因为没有经验，所以听信了很多虚假广告，还被骗了一些钱。虽然不是很多，但是对当时的她来说，也很让人痛心和悔恨。就这样一晃到了2015年。

2015年，陈程在学习网络营销知识的过程中认识了一位朋友，这位朋友在了解了她的情况之后，建议她做一个关于婴儿用品的妈妈圈微商。这正好符合她坐在家里就可以赚钱的梦想，又可以兼顾宝宝。于是陈程就在这位朋友的指导下开始妈妈圈微商的实际操作。

第一步：加入本地群。陈程是湖南长沙人，她加了很多长沙本地的妈妈QQ群。因为她自己是一个孩子妈妈，所以很快就通过了群管理员的审核。陈程每天持续加这样的群，前前后后加了几十个。

第 1 章 再小的个体也能创业——微商之路

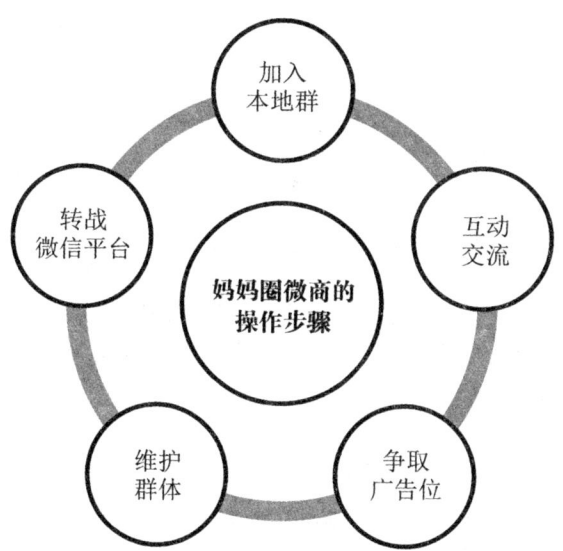

第二步：**互动交流**。陈程在加入了许多个妈妈群后，就在群里跟妈妈们一起交流孩子的事情，随着时间的推移，大家越来越熟络。同时她也会在群里向大家分享一些育儿文章，让很多准妈妈懂得如何处理孩子在生活中可能遇到的问题。就这样通过每天分享交流，大家的关系也越来越近。

第三步：**争取广告位**。陈程在群里待了大概一两个月，每一个群的群主或管理员都跟她很熟，有的群主得知陈程想做微商，非常支持她，在群公告中加入了陈程的QQ和广告语。

第四步：**维护妈妈群**。就这样，越来越多的妈妈们加了陈程的QQ，和她交流孩子的事情。而在这个过程中陈程也找到了一家专门卖婴儿用品的店铺。陈程挑了几款婴儿服饰推荐给群里的妈妈们，没想到得到了很多妈妈的支持。第一天陈程发出去十个快递，虽然没赚到多少钱，但是她心里很欢喜，原来坐在家里真的可以赚到钱。

第五步：**转战微信平台**。当越来越多的妈妈和陈程成为QQ好友后，她就注册了第一个微信号。然后慢慢地将QQ上的好友往微信上加，现在陈程的微信好友已经有好几百个了，她每天都会在不同的时段跟妈妈们分享不同的内容。

★ 7：30~8：30，发一些儿子起床后的照片，不发任何广告。因为这时候很多妈妈都刚起来，或者刚照顾好孩子，如果一大清早打开手机就看到广告会很反感，所以这个时候不要发广告。

★ 10：30~11：30，孩子刚好睡上午觉了，这个时候很多妈妈在玩手机，可以选择性地发一条关于宝宝日常注意事项的文章，帮助妈妈们避免孩子以后出现这样的问题。

★ 14：30~15：30，这个时候孩子基本上开始睡下午觉了，可以发一些关于产品的照片和信息。有意向购买的妈妈基本上都会联系购买。

★ 20：00~22：00，这个时候孩子睡觉了，妈妈们也轻松下来，可以发一些关于美容的知识，让妈妈们在照顾孩子的同时注意保养自己。这也是一个贴心的问候，让妈妈们感觉很贴心、很细心。

陈程一直按照这样的时间表，坚持天天在微信上推送消息，和妈妈们进行语音交流，而且创建了一个妈妈群，在群里和妈妈们交流。就这样，陈程每天发出去的包裹在不断增多，收入也在不断增多，现在，她在家工作的月收入都快赶上老公的月工资了。

这就是陈程一路走来的微商经历。经历过迷茫，遇到过贵人相助，得到过朋友的大力指导。她实际操作微商只有半年时间，在网络营销基础比较差的情况下依然取得了不错的成绩，非常鼓舞人心。

第2章 微商的核心商业模式

自媒体、自明星、C2C、B2C、提供服务、社会化分销和销售产品，微商的商业模式多不胜数。本章教你如何学习微商的商业模式，从各个模式里赚得盆满钵满。

自媒体——用内容创业

作为继微博之后又一款平台类产品,微信的商业模式也在很大程度上继承了微博,自媒体更是如此,自媒体可以说是目前最主要的微商商业模式。

根据不同的主体和目的可以将自媒体分为以下两类。

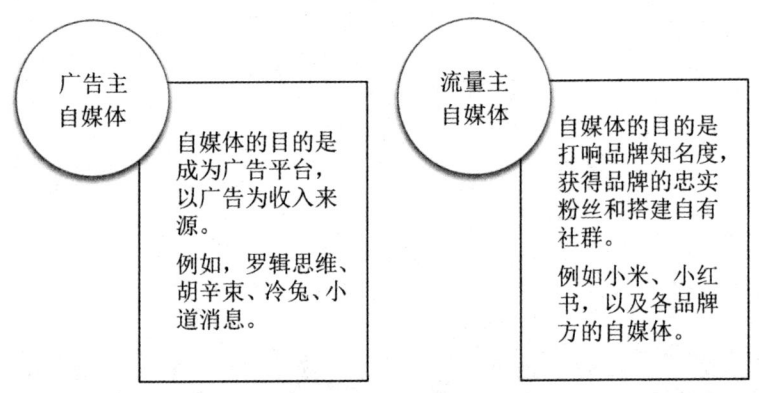

打造自媒体的关键是内容。内容好,在奠定精准用户基础之后,凭内容就可以继续获得用户,并获得高转化率。

然而,这并不是一件简单的事情。

2013年8月,微信5.0上线,订阅号的信息被折叠,更新的内容不再提醒到用户,这对靠订阅号起家的微信自媒体是个不小的打击;2014年7月,微信推出"阅读数"的功能,用户可以在内容的最下方看到本篇内容的阅读量。然而,一年之后,微信的传播力、阅读量却开始出现疲软之势。

2015年9月13日，一篇题目为《500强传播力增长疲乏？中国微信500强月报(2015.8)》的文章显示，微信订阅号500强内，单个微信号的平均日发布篇数自2015年3月以来首次回落至7以下；5月至8月，总阅读数也保持平缓下滑趋势。一个严峻的事实是，如今的朋友圈正变得越来越像当年的微博，用户被各种促销活动、H5、海报、代购等形形色色的广告刷屏，好容易看到一篇看似有趣的内容，又发现是一篇"标题党"，于是乎用户打开一篇文章的阻力越来越大。

那么做好微信自媒体关键的因素是什么呢？

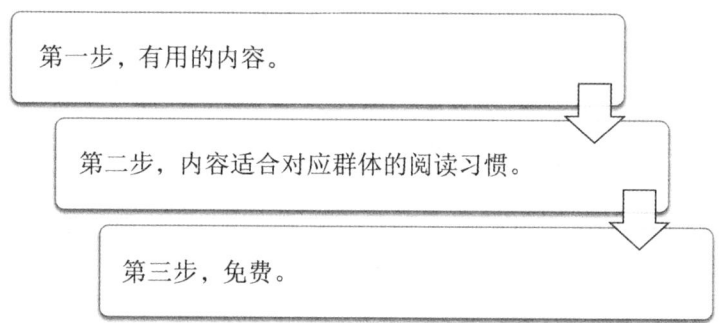

第一步，也是最关键的一步——有用的内容

无利不起早，做自媒体的目的如此，用户关注你的目的也是如此。一个用户关注你的自媒体肯定是为了某种利益，不管是物质上的利益，还是精神上的利益，所以，你的内容必须能给用户提供有用的利益。

例如，罗辑思维给用户提供可用的智慧，小米给用户提供优惠活动咨询，第一财经周刊给用户提供实时的财经、社会新闻，冷兔给用户提供快乐。

所以，内容有用是首要标准。正如普利兹对内容营销的定义："不同于用毫不相关的广告分散受众注意力的做法，我们要持续地创造有价值的、吸引人的和相关的内容，慢慢建立受众群体，从而看到一些能创造利益的客户行为。"

而怎么让有用的内容更好地为用户所接受，就是第二步的工作了。

第二步，推送有价值的内容

微信内容不能一味地推送产品的内容。记住，微信不是为微商本身服务的，而是为粉丝和顾客服务的。只有给粉丝想要的内容，他们才会更加忠实于你，和你成为朋友，接下来的销售才会顺理成章。

要记住"内容为王"，粉丝是冲着内容才来的，转发和推荐也是因为觉得内容有价值。

第三步，互联网思维的重要一点——免费

微信公众号"王凯讲故事"的微信主王凯认为免费很重要，自媒体的免费体现在以下两点。

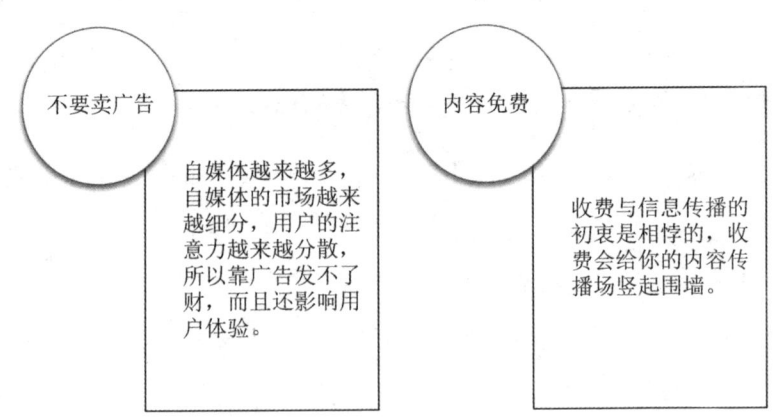

自明星——网红之路

前面一节讲了微商如何做自媒体,现在来讲一下自明星以及自媒体和自明星有什么关系。首先要明白何为"自明星"。

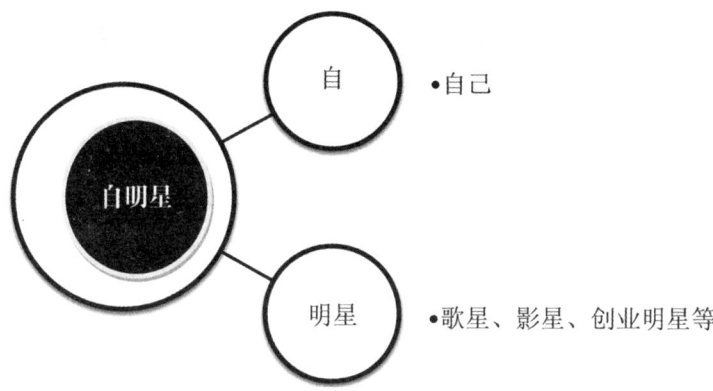

自明星指自己通过自媒体成为让大众熟知的某一领域的名人。自明星更重要的是"自",强调的是"人"本身,"明星"代表着影响力。

自明星和自媒体是一种所属关系,比如说米聊是自媒体,雷军就是自明星;QQ是自媒体,马化腾就是自明星。

相比朋友圈刷屏卖货,自明星或许才是微商持续长久的生存方式。自明星有大量的粉丝和庞大的影响力,在引流和传播上,有天然的优势。通过向用户输出有价值的内容,不仅在用户沉淀上有强大的黏性,更代表着微商经济的未来。

1. 自明星带给微商的好处

自明星能够给微商带来哪些好处呢？

自明星能给微商带来4大好处。

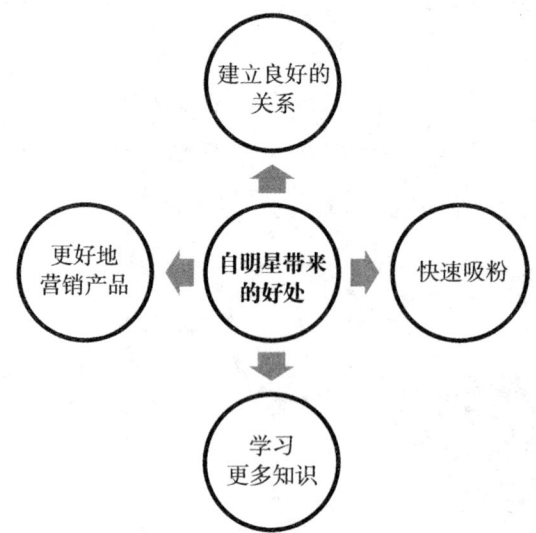

好处一：**建立良好的关系**。现在微商多了，都在朋友圈刷屏发各种产品，这样就很容易被好友屏蔽。而自明星能够给粉丝带来一定的干货和有价值的知识，粉丝会主动来和你做朋友，当你有了价值之后自然就和粉丝建立了良好的关系。

好处二：**快速吸粉**。当你给粉丝带来价值之后，粉丝是会主动为你传播的。传播将为你带来更多的粉丝。还有当你经常分享一些有价值的内容，微信群内自然会吸引到忠实的粉丝。

好处三：**学习更多知识**。如果做某一领域的自明星，那么就必须去学习这一领域的知识，专注于在这一个领域学习。那么肯定会积累很多这一领域的知识，这样自然就学到了很多知识，并且可以接触到这一领域的大咖等。

第2章 微商的核心商业模式

好处四：更好地营销产品。 当一直专注于某一个领域，在这一领域肯定有一定的权威性，粉丝是充分相信权威的，那么营销这一领域相关的产品，将是非常容易成交的。

2. 成为自明星的条件

虽然说人人都有做自明星的机会，但是也是有条件的。微商要想成为自明星必须满足以下4个条件。

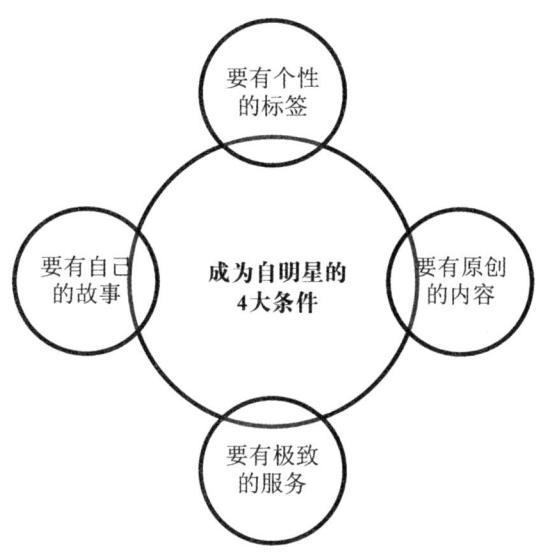

条件一：要有个性的标签。 个性的标签就相当于个人品牌，让标签与你自己画上等号。例如："背影哥"这个标签，名字就非常有个性，给人一种神秘的感觉。微商们在思考自己标签的时候可以结合自己的领域加上自己的个性或名字。比如说作者自己：×××——80后美女作家。把我自己与美女作家画上了等号。标签必须要引人注意、引人思考，才能达到传播的效果。

条件二：要有原创的内容。 写文章可能是很多微商都头疼的事情，万事开头难，前期你可以多读一些这个领域的专家发表的文章，多看一些专业性的文章，然后加上自己的评论观点，慢慢写文章就有感觉了。经过时间和经验的积累、沉淀，自然会写原创内容了。

条件三：要有极致的服务。服务做得好，粉丝跟你跑。当真诚用心去服务粉丝时，粉丝一定会被你感动的，并且跟随你。铁杆粉丝理论：假如你有1000个铁杆粉丝，那么你这一辈子也不愁吃穿了。这里有一个前提是你要用心服务好这1000个粉丝，如果没有服务好他们，他们也是会变心的，会跟别人跑的。所以微商做自明星需要用心挖掘粉丝需求，给粉丝超预期的服务。

条件四：要有自己的故事。做自明星也要讲自己的故事，有精彩的故事更能吸引粉丝关注，这个故事可以是创业故事、感情故事、与品牌之间的故事等。故事尽量真实，真故事才能出好文章，真故事才能打动粉丝。就算是编的故事，也要生动，赋予品牌生命力。一个好的故事能够衍生一个好的品牌故事文化，能够将品牌带上一个新的高度。

3. 如何才能做好自明星

有了成为自明星的条件，那么接下来便是如何才能做好自明星呢？微商做好自明星分6步进行。

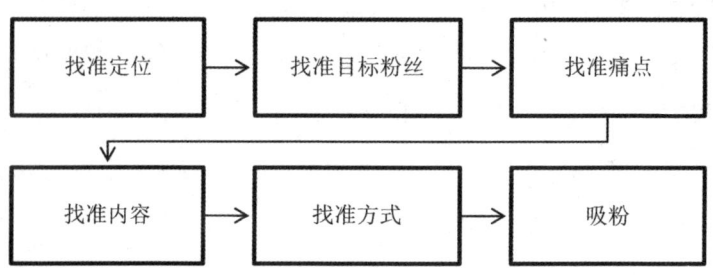

第一步：找准定位。首先，要明白自己要做哪一个领域的自明星。

认清自己的特长及自明星的定位，自己擅长哪个领域，是创业、微商、营销还是其他？要做哪个垂直领域的自明星，是已有的领域还是自创的新领域？做已经存在领域的优点是你有机会向这一领域的大佬学习经验，看他们是如何做的。做新领域的好处是一开始你就是这个领域的大佬。但不管是选择已有领域，还是新领域，建议选择你感兴趣的领域，这样可以让你做得开心长久。

第二步：**找准目标粉丝**。就是要吸引谁来关注你？这需要结合你的领域来选择，可以根据地区、性别、行业、年龄等多个角度和方面来划分。你的定位取决于你能吸引什么样的粉丝。比如你的目标粉丝是年轻女性，那么你就得去女性论坛、女性社群去吸引她们。如果你的目标粉丝是20~25岁之间的年轻人，那完全可以在微信上寻找，因为这个年龄段的年轻人大部分都在使用微信。

第三步：**找准痛点**。痛点指的是粉丝目前有哪些困惑需要你的帮助，知道粉丝痛点才能做到对症下药。如何才能找到粉丝的痛点呢？最简单的方法就是直接找客户交流、互动、调研，从交流中得出结论。比如做一个关于90后创业所遇到最大瓶颈的问卷调查，那就可以得到很多系统性的答案，了解他们在创业过程中的难处。另外，还可以通过关注他们的微博、微信，了解他们的动态以及性格，找出他们经常抱怨的问题。

第四步：**找准内容**。在互联网时代，要想突出重围，就必须有过硬的内容。内容必须要有特色，方能吸引粉丝。时代在变化，粉丝的需求也在变化。我们应该将注意力集中在粉丝需求上。比如，柯达是上个世纪胶卷专家，后来数码流行了而淘汰了柯达，就是因为柯达没有读懂客户的核心需求，客户真正的需求是照相，而不是胶卷。内容至上，内容的品质决定粉丝的质量和数量。

第五步：**找准方式**。指的是以哪种形式展现内容给粉丝，是以文字、图片、视频还是以语音的方式展示给粉丝呢？比如你普通话好，那就适合用语音的方式展现；如果你擅长描绘，则适合用图片的方式；你会做视频，那就以视频的方式展现。

第六步：吸粉。自明星吸粉分两种方式。

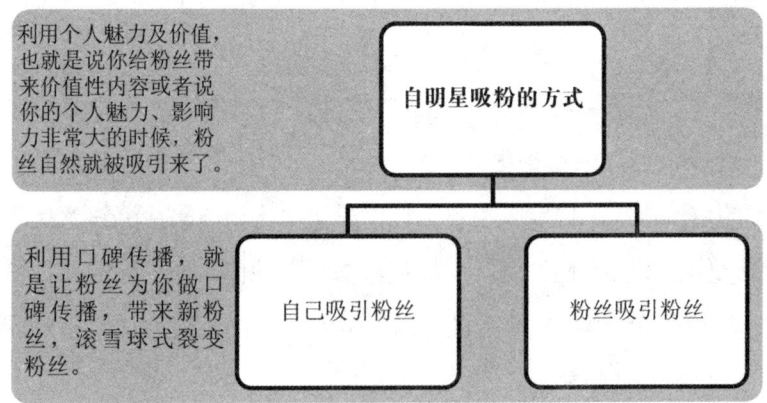

首先，找到你的目标粉丝，然后带给粉丝有价值的内容，让你的粉丝帮你传播。前提是你的内容要吸引人，要有价值，你的服务要做到位，用户才会为你传播。

总之，好的自明星不是营销出来的，而是粉丝自传播出来的。单凭一个人的力量去传播是很有限的，粉丝为你传播才是巨大的力量。

微商攻略总结

人人都可以是自明星，但并非人人都会成功。微商做自明星要趁早，现在马上开始做，抢占先机方能具备核心竞争力。

第 2 章 微商的核心商业模式

销售产品——直接获利

先举个成功的案例。

2014年的中秋节,微信公众号"罗辑思维"销售月饼。微商的销售模式当然得与传统电商的让利促销、商店的体验营销不同,罗辑思维就用事实告诉大家,这个不同是什么!

在罗辑思维上面买月饼不是你付钱、我给你月饼,而是你付钱、我给TA月饼;TA付钱,我给你月饼——对用户来说是好玩,对罗辑思维来说是既赚钱又吸粉。

这次销售月饼的具体玩法如下。

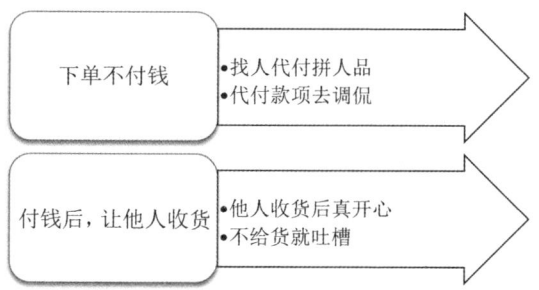

用户A下单后不付钱,把订单通过微信分享给朋友或者分享到朋友圈,如果A的人品好,朋友就来帮他付款完成,当然A也可以自己号召人来完成。

用户A自己下订单并完成支付,然后把订单的链接分享给朋友,A的朋友B打开链接,把他的地址输进去,就可以领月饼了。这种送礼的诚意,简直感天动地。

也许你会认为电商也可以这么玩,确实如此。但是为什么只有罗辑思维做到了呢?首先电商没有想到要号召用户这么玩,其次真正好玩的细节电商还是很难做到。由于微信可以开发的特点,罗辑思维在下单购买月饼的过程中,设计了一个个性化定制、由用户自己填写完成留言的页面。

例如,用户A的订单由多人代付时,付款人可以私人定制自己的昵称和留言来"调戏"求月饼的人,也就是用户A,这不仅仅是一个彰显"爷有钱"的时候,也是一个用小钱逗乐、送礼的过程。而"拼手气送礼"的玩法和"拼手气红包"类似,因为有随机概率,很多人参与了但可能领不到月饼,这个时候就是他们再次求月饼、狂吐槽的过程。这个过程又增加了该活动的热度和关注度。

销售产品是微商的重要商业模式,微商主可以是个体,也可以是企业。

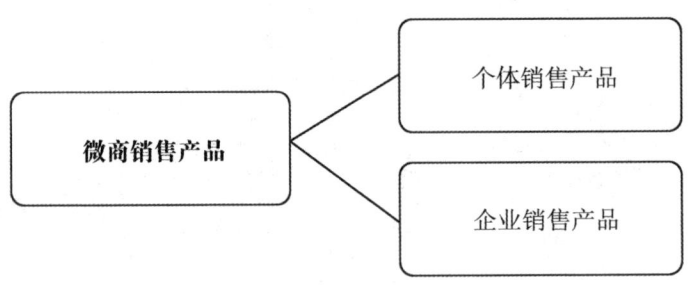

C2C销售模式——个体销售产品

通俗地讲,C2C微商就是个体户直接与个人做生意,产生商业交易。目前C2C微商的主战场有微信朋友圈、拍拍微店、口袋购物微店、喵喵微店等平台。

1. C2C销售模式的特点

目前以微信朋友圈卖货为代表的C2C微商正如火如荼,并呈现出以下几个特点。

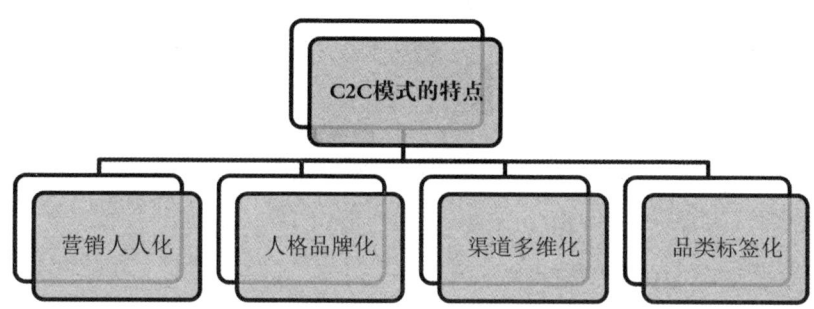

营销人人化。随着微商的"去中心化",全民电商和营销人人化的时代到来。在信息大爆炸的新闻资讯、社交网络里,每个人都被动或主动地成为信息的传播者。比如,人们看到一款好玩的游戏、一篇优美的文章、一段感人的视频,甚至一件漂亮的衣服,即使在没有利益驱使的情况下也会情不自禁地转发与分享。

这种现象在朋友圈里极为常见,因为门槛低、零成本,所以许多微商跃跃欲试。未来当所有的社交分享都实现互通时,这种营销将会更加普遍。

人格品牌化。是指将个人打造成具有独特魅力和情感影响力的人性化品牌符号,让消费者在潜移默化中形成品牌黏性,产生情感磁场效应,触动心灵共识,促进价值认可。

通俗的说法就是品牌由消费品时代进入粉丝时代。消费者的购物决策不仅仅受质量、价格等因素影响,更是基于人与人之间的信任,可能因为"偶像"的推荐或好友的信任关系而选择购买。品牌和人互惠互利,选择为品牌付费也是为人格买单。

渠道多维化。虽然微信坐拥移动社交流量第一入口，但是经过一段时间的检测，从最终的转化率来看并不理想。

对微商来说流量入口永远排在第一位。多维化渠道就是将各种社交入口的流量汇聚到一个平台上，将分散的流量整合到一起输送给商家，QQ空间、陌陌、易信、来往、微博、博客等都是比较好的渠道。虽然这是一个很大的工程，但是对微商来说意义非凡。

品类标签化。微商将会打破固有的商品类目形态。以京东的3C为例，所有品类商品的价格、类型等几乎千篇一律，呈现出"流水线"式的发展态势，没有可供消费者选择的对比性和差异性。而非大众化的品类，像食品、珠宝、首饰、美妆、母婴以及跨境类商品等则在微商平台上销售火爆。

2. C2C销售模式误区

微商的走红主要源于朋友圈卖货、代购的兴起，而随着朋友圈微商的泛滥又使得大家对微商的理解越来越偏颇。当前微商乱象是不争的事实，主要表现在以下几个方面。

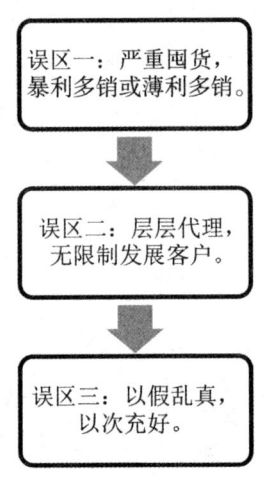

误区一：严重囤货，暴利多销或薄利多销。朋友圈卖货很多都是非标（非标准化）产品，要么就是唯低价是取。他们往往以低价从厂商那里拿到商品，然后以暴利多销或薄利多销。之所以要囤货，主要是因为囤货可以更好地做代理。

囤货做代理主要有两种状态。一种是直接囤货做代理，另一种是抱着试试看的态度先做代理，从中赚取利润，看到商机后再开始囤货做代理。

误区二：层层代理，无限制发展客户。偏激者认为微商不断地发展客户，通过层层代理来获取暴利。虽然许多号称"月赚百万"的微商听起来令人难以置信，但有时确实是真的。不错，他们的确赚到钱了，但是他们赚的不是产品的钱，而是层层代理的钱。

误区三：以假乱真，以次充好。因缺乏完善的交易机制和维权机制，所以朋友圈微商以假乱真的现象十分普遍。部分微商会经常利用网银转账截图、微信对话截图等来混淆朋友的视听，除此之外他们还用PS修图、晒成果（交易额等），稍微有点规模的还会通过找明星代言，营造一种"供不应求"的感觉，让人误认为代理真的很赚钱。然而，事实并非如此。

此外，C2C微商产品质量和同质化现象也是困扰C2C微商的大问题。C2C微商的售后服务如何维系，用户如何维权，目前都没有很好的保障体系。这些弊端如果不能很好地解决，个人小卖家就不会成为一个很成熟的可持续发展的商业模式。

B2C销售模式——企业销售产品

通俗地讲，B2C微商就是企业利用移动互联网和个人做生意，产生商业交易。目前B2C微商的主战场有京东微店、微盟旺铺、有赞等平台。

当然，目前B2C微商远未达到成熟的阶段，以现今的发展情况来说，未来大型B2C微商企业应具备4个条件。

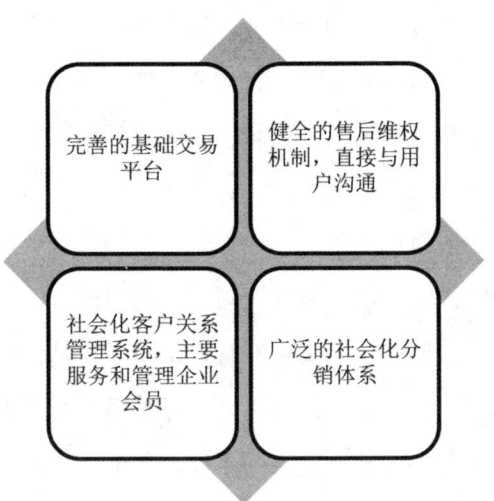

由于作为"朋友圈经济"的C2C微商饱受诟病,所以对于微商来说,B2C模式将成为主流。之所以这样说,主要有下面4点原因。

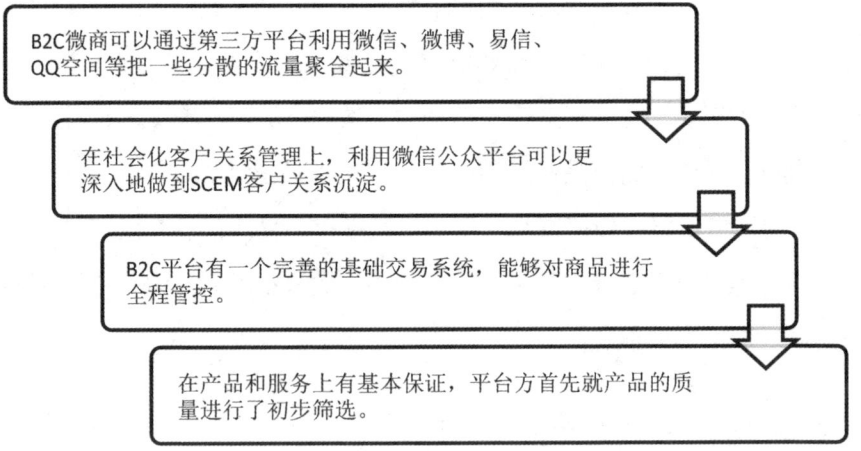

总之,微商的供应链跟传统方式一样,有各种渠道的厂商(供货商),沿着"个人——团体(机构)——公司"这样的规模去发展,才会前景光明。

提供服务——随时随地盈利

移动互联网的普及,让微商可以随时随地为客户提供便捷的服务,微信服务号的推出,使微商的服务更加及时、便捷。

2014年8月5日,微信公众号上线,分为订阅号和服务号两种类型,随后腾讯为服务号开放了十多个接口,一步步地提升服务号的运营能力。在微信官方的号召下,服务号的数量也急速增多。

微信服务号比较典型的案例如招行、南航、交行、联通、电信等大型运营商,此外还有提供服务的O2O产品、O2M产品等,这些微信主将产品本身的服务进一步延伸,用户可以随时随地享受服务,不用下载APP,一个手机、一个微信就可以解决所有问题。当然,他们开通微信服务号的另一个原因是利用微信超大量级的、迅速上升的用户基础。

以招商银行为例,作为企业级用户、个人用户量级均在世界前列的企业,招行的服务号是微信服务号的先行者,并为开拓招行的服务渠道、提升招行的服务质量、减轻招行的服务压力做出了巨大的贡献。

数据显示,仅仅是截至2014年3月,招行的微客服用户量已经超过1000万,并仍以每天1万至2万人的速度快速增长。这一用户量级和用户增长速度使招行在300万家企业公众账号中遥遥领先,其粉丝数量远远超过其他任何一家的粉丝量。

招行将微信服务打造成为一个闭环的呼叫中心系统,以咨询问题和业务办理为例:简单的问题咨询,微信机器人会做自动应答,分担人工的工作量；对于一些微信机器人无法解答的、稍微复杂的问题，微信服务将客户引导到招商银行的客户端——手机应用掌上生活或者手机银行办理；更复杂或者需要安全加密的问题，比如用户协商还款、需要人工查询并解答一些疑问交易、需要转人工服务的，微信客服还可以将问题和用户连接到人工系统，由人工提供更复杂全面的服务。

这一服务开通之后，用户可以非常简单地获得一些基础服务，如查询账单、消费、转账、提醒等等，有效地分担了招行的服务工作量。

而有趣的是，微信的社交特性也给招行带来了极大的改变，招行在用户心目中不再是冷冰冰的大楼和防弹窗，而是可爱甜美的小昭君，用户服务改善了，用户印象改变了，招行通过微信服务取得的成就可谓功不可没。

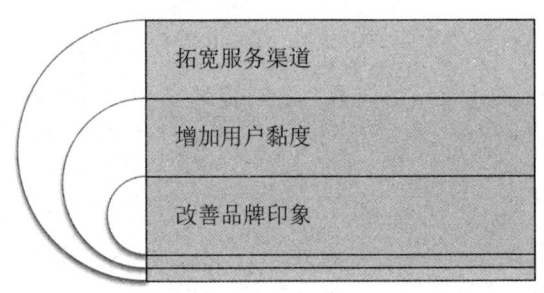

将服务延伸到线上或者微信上是微信服务号的主要着力点，但微信服务能做的和需要做的远不止这些。服务本身也是品牌营销的过程，微信服务更是如此。

比如雀巢旗下的巢妈团微信服务号为用户提供贴心的"陪聊"服务，这个服务堪比Siri；唯品会特卖微信服务号推出"每日精选"频道，用户每天有10款精心推出的特卖商品可选，注意，是每天，这就使得工作忙碌不能经常进网店的人群不再担心错过。

微信5.0 版本打通了微信支付后,微信开始有了自己的支付渠道,产品/品牌方的服务变得更加便捷有力。

为客户提供服务是微商的一种核心商业模式,能够帮助微商提供服务的平台绝不仅仅限于微信,QQ群、微博、论坛等都可以成为微商的平台,只要你用心,就能找到你的服务项目和服务群体。

策划好就动手建立自己的服务体系吧!

社会化分销——找到精准用户

所谓的社会化分销模式,主要是利用用户之间可以相互推荐产品、分享商品,并进行讨论,在为用户提供讨论产品的机会时,也为商家找到精准用户的销售模式。

这样做的优势就是将相同兴趣爱好的人聚集在一起,相互之间进行产品的分享、推荐、评论从而引发成交。社会化分销最重要的两点就是分享和推荐。

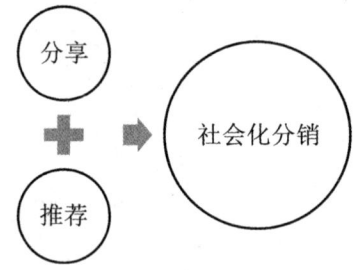

目前,社会化分销的微商主要有以下3类。

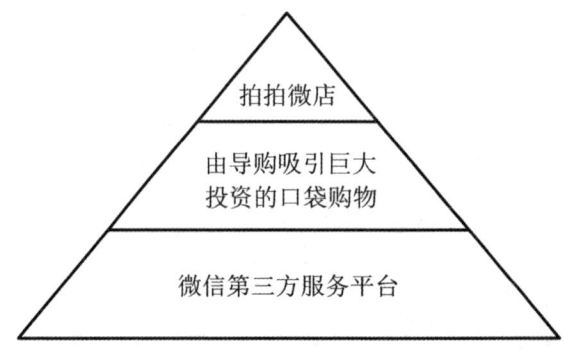

社会化分销模式主要有以下几种。

1. 淘宝客模式

这种模式可以这样理解，所有用户都可以通过这个平台来推送商品信息以获取返利。

例如，麦包包的"包达人"是麦包包提供的一个移动箱包分销平台，用户将麦包包手机客户端中的商品分享到朋友圈、微博等，通过该链接产生了成功订单，分享的用户便可获取佣金。用户在朋友圈分享的商品可直接链接到麦包包的移动APP，产生购买后，由麦包包负责之后的所有环节，包括物流、支付和售后服务等。"包达人"们不用承担任何库存和配送风险，便可拿到10%~20%比例不等的佣金。佣金按月结算，可提现至支付宝。

2. 会员制分销模式

所谓会员制分销模式则是指消费者只需一次性消费，就可以成为商家的分销商。当然，这里是要求消费满一定额度的，不但可以自动升级为会员，享受折扣价和礼品，甚至可以进行分红。

3. 传统代理模式

微商如果返璞归真，即回到最早期产品进入市场的模式，也就是一个总代理，将会打造一个省级代理的微商群。省级代理又建立市级代理的微商群，以此类推，将传统的总代——省级——市级——批发——零售转到微商平台。

4. 微信分销系统

微商分销系统对重塑微商有以下作用。

> 第一，下级微商与上级分销商之间有了明确的后台管理系统，总部、分销商、终端微商的营销、CRM都能可视化。

> 第二，分销系统能为下级分销商、终端微商们提供微店页面，朋友圈购物更具电商化特点。

> 第三，微信分销系统具备上级代发功能，也就是说下级微商可以不用囤货，这为兼职微商进行快速拓展提供了温床。

更为重要的是，每个微商都是重要入口，许许多多的微商加起来，聚沙成塔，业绩自然非常可观。微商的价值不在于压榨微商从业者，而是发挥从业者的熟人关系中的商业价值。微信分销系统最大的作用在于能将微商从业者解放出来，只需要在不影响朋友圈关系的情况下发挥传播能力即可。

微商实战案例解析2：瑞丰堂的微商之路

陕西瑞丰堂生物科技医药有限公司在2015年推出了两款微商产品。一个是女性私护产品AYINSHU爱姻舒，一个是减肥养生产品魔丽果樱桃李果蔬酵素粉。

为了将这两款产品营销出去，瑞丰堂颠覆了传统的微商模式，摒除了传统微商的弊端，以新的形式展示出来，引领微商行业新模式。

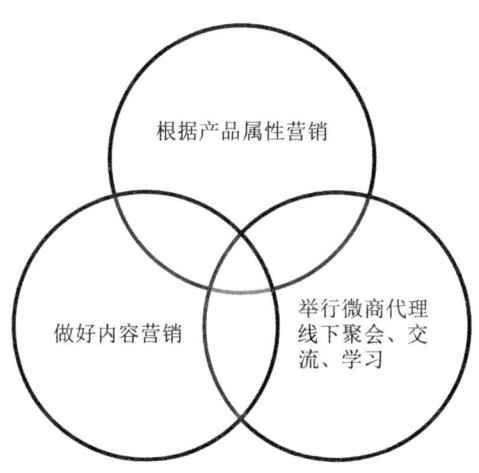

首先，瑞丰堂根据不同产品的属性进行营销。AYINSHU爱姻舒主要以先体验后消费的体验式营销模式为主，从而大大提高了消费者的信任度，解决了微商卖货缺乏信任的问题。在前期，免费包邮赠送了一批产品，并且收到了良好的效果。

而另一款减肥养生产品，魔丽果樱桃李果蔬酵素粉则实行了截然不同的营销模式，最大的特色就是主打自媒体定制包装盒，通过各代理的自媒体为主要宣传阵地进行营销推广，让代理在宣传产品的同时，也提高了团队以及个人的影响力。

其次，在宣传内容方面，瑞丰堂也下足了功夫，公司做了不同产品的样板账号，每天提供最新的文案和内容支持，让代理不用费心思去思考文案的编写，只需将客户维护好，推广产品就行，同时减轻了代理们的负担。

在代理商培训方面，瑞丰堂聘任专业老师为微营销总顾问，由其全程负责微营销培训、策划。一个好的微商团队，拥有系统化的培训是少不了的，正是因为微商专家给予瑞丰堂的扶持，让瑞丰堂微商团队实现了高于之前几倍的销售额。

最后，公司不定期举行微商代理线下聚会、交流、学习。让代理们通过线下聚会加深感情，更加团结互助。同时，公司还设立了每周每月的奖励机制，给做得好的代理商额外福利，包括iPhone6、旅游、现金等奖励。形成内部竞争机制，形成一种良性循环，让代理们更有信心做好微商。这也是瑞丰堂一直发展迅速且稳定的最主要原因。

第3章 微商创业的各大平台

现在,微商平台主要有微信小店、京东微店、拍拍微店、微店网、口袋微店、微盟旺铺、开旺铺、金元宝等。在这几个微商平台上,如何做出一番成绩呢?本章从开店流程到功能方面一一进行介绍。要想进军微商,必须借助平台才可以实现。长期维护客户关系,实现更高的复购率,拥有更高的品牌忠诚度,这就是微商创业平台的特点。所以,做微商很重要的一步就是选择一个属于你的创业平台。

微信小店：微商的重要阵地

微信小店属于微信公众平台，开通于2014年5月29日，凡是开通了微信支付的认证服务号的微商便可申请"微信小店"。微信小店是基于微信公众平台打造的原生电商模式，具体包括以下功能。

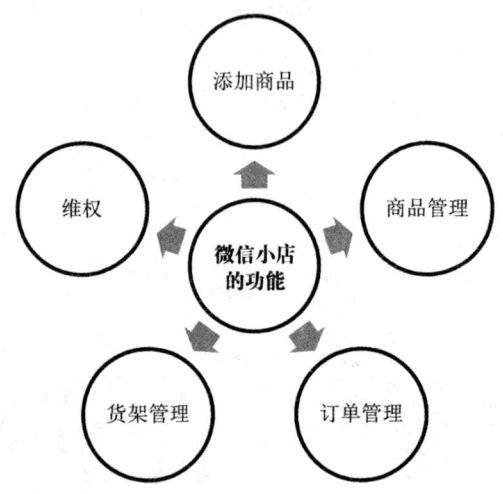

1. 开店门槛

微信小店不同于淘宝店，而更像天猫店，但和进入天猫的大多数知名品牌相比，微信小店的容纳范围更广，只要符合资质的个体户都可以开微信小店。资料按要求上传后，申请一般在3个工作日内就可以通过。

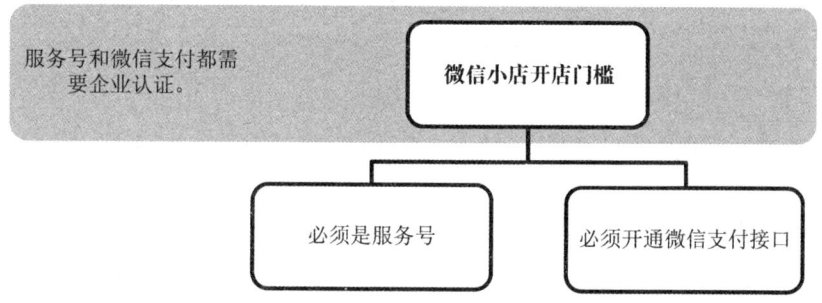

有了"微信小店",商家即使没有任何技术开发能力,也可以开启电商模式,对商品进行分类、分区陈列,真正实现"零成本"开店。

2. 微信小店开店费用

在费用方面,"微信小店"会涉及两方面的费用。

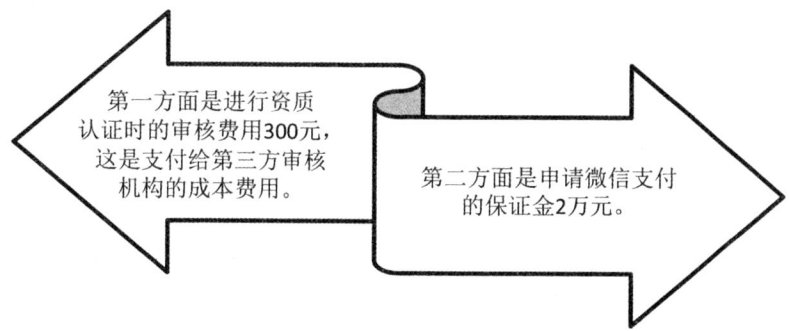

腾讯公司2014年调整规则:2014年9月12起公众平台(公众号支付)、开放平台(APP支付)申请微信支付功能,暂免收保证金。

对于企业而言,若满足以下条件之一,即可享受"免保证金"。

(1)注册资本500万元以上;

(2)上市公司(须填写股票数字代码)。

"微信小店"目前只面向已接入微信支付的公众号开放。在服务中心申请开通后,可在"微信小店"的后台实现添加商品、商品管理、订单管理、货架管理、维权等一系列操作。

3. 微信小店开店流程

以下就是官方提供的"微信小店"操作流程。

第一步:添加商品。选择类目,按照指引填写商品的基本信息,包括商品名称、商品图片、运费、库存、详情描述等。

第二步:商品管理。

商品分组管理:可以设置不同的分组来管理商品,分组可用于把商品填充到货架上。

商品上下架:可以快速对商品进行上下架操作。

第三步:货架管理。选择货架,把分组管理里面的商品添加到货架上。把编辑好的货架点击发布,然后复制链接,链接可以填入自定义菜单或者商品消息中。

第四步:小店概况。可以查看小店所有的数据信息,包括订单数、成交量等。

第五步:订单管理。用户支付成功后会生成一笔订单,商家可以查询订单,并进行发货等操作。

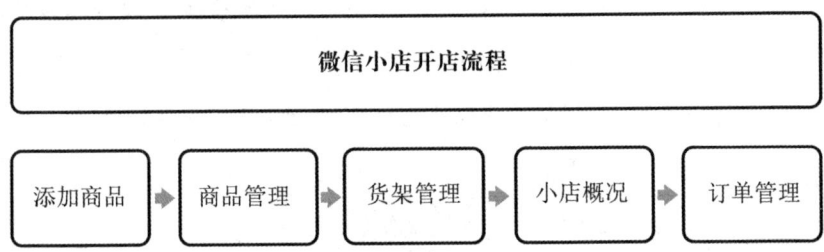

微商攻略总结

　　微信小店类似于淘宝店铺，但是相比之下，微信小店优于淘宝店铺，因为微信小店面对的是朋友圈朋友，既然是朋友，所以销售的产品一般在质量和售后方面要强于淘宝，宁可生意不做也不能欺骗朋友，影响自己的名声。

　　微信小店提供了电商的基础设施，凭借目前微信的火爆，势必会推动商家数量的急速增长，确实值得微商关注。

京东微店：微商的另一个发财地

使用京东微店做微商，只要提供QQ号和微信ID就可方便入驻京东微店。京东微店平台对商品、订单、结算、售后进行统一管理，无需额外运营成本，同时可拥有来自微信、手机QQ两大购物入口的流量。可以说，京东微店是微商们的另一个发财地。

1. 京东微店的五大优势

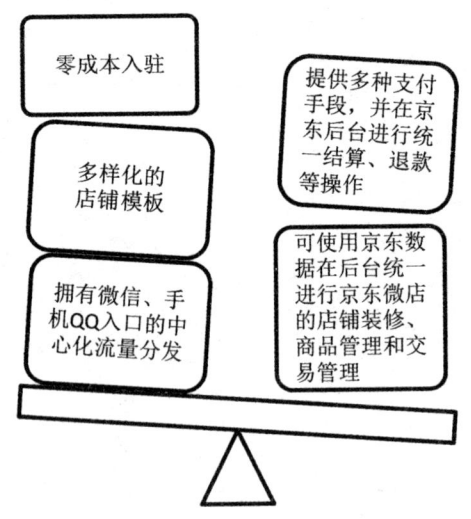

京东微店对于申请方也有相关的要求：

入驻京东微店前必须先注册企业类型的服务号且该微信服务号不能开通其他第三方平台。

京东微店的招商对象只针对中国内地注册的法人企业。企业提交的材料如果是复印件需加盖企业公章。

京东微店将结合各行业发展动态、国家相关规定不定期更新招商标准。

2. 京东微店店铺类型

1）旗舰店：商家以自有品牌（商标为R或TM状态）入驻京东微店开设的店铺。

旗舰店类型：

★ 经营一个自有品牌商品的品牌旗舰店；

★ 经营多个自有品牌且各品牌归属同一实际控制人的品牌旗舰店；

★ 由服务类商标所有者开设的卖场型旗舰店（仅限特邀入驻商户）。

2）专卖店：商家持品牌授权文件在京东微店开设的店铺。

专卖店类型：

★ 经营一个授权销售品牌商品的专卖店；

★ 经营多个授权销售品牌的商品且各品牌归同一实际控制人的专卖店。

3）专营店：经营京东微店同一招商大类下两个及以上品牌商品的店铺。

专营店类型：

★ 经营两个及以上他人品牌商品的专营店；

★ 同时经营他人品牌商品和自有品牌商品的专营店；

★ 经营两个及以上自有品牌商品的专营店。

3. 京东微店申请开通的流程

第一步：登录微信公众平台，注册并开通微信服务号。

第二步：开通完成后，在"公众平台"→"设置"→"账号信息"界面中查看并获取"微信号"及"微信原始ID"的具体信息。

第三步：登录腾讯网站，注册一个QQ账号。

第四步：进入到京东微店"招商系统"页面，单击"入驻微店"按钮，使用QQ号登录。

第五步：登录成功后，会显示一个京东微店的协议，单击"下一步，提交申请"按钮。

第六步：进入资质填写页面，除填写公司店铺品牌申请人等相关信息外，还需提交用户注册的微信号、微信原始ID。资料填写准确无误后，点击"下一步，提交申请"按钮，弹出确认框，点击"确认提交"按钮，资料提交成功。

第七步：接下来需要缴纳相应费用，开通京东微店需要交20000元的诚信保证金，还有后期的微店平台服务年费和交易技术服务费。

在这一步需要注意的是：商家在京东微店平台经营需要按照其实际成交额的一定百分比（简称"费率"）向京东公司缴纳交易技术服务费，也叫佣金。其计算公式如下：

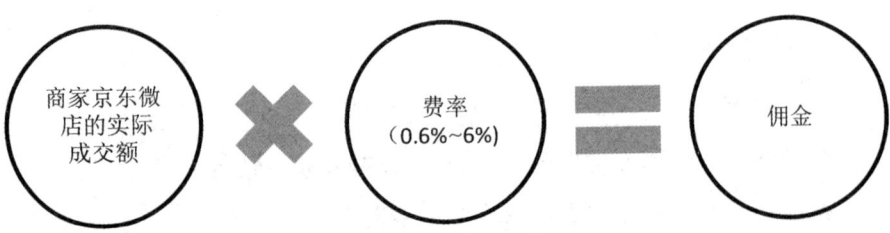

为激励商户在京东微店平台上积极经营，商户在微店平台上经营所缴纳的佣金（只开通公众号的微店交易佣金），京东公司将以现金补贴的形式全额返还作为奖励，返还金额仅作为广告费使用。返还的佣金奖励将以现金补贴的形式充值到商家在京东公司开通的直通车广告账户中。

第八步：等待京东、微信工作人员审核及认证，认证通过后即可成功开通微店。商户可在"京东微店招商首页→我的招商中心→申请京东微店入驻"页面中查看具体的入驻进度。在用户提交的资料完整有效的情况下，可在17个工作日内完成所有的入驻流程（其中运营经理审核1个工作日，第三方征信审核6个工作日，最终认证确认需要10个工作日）。

微商攻略总结

2014年，京东微店推出两个政策：广告补贴和流量支持。所谓广告补贴，是指商家投放一定数量京准通无线广告，京东即给予其1∶0.5的无线广告专享补贴金、微信和手机QQ购物大入口坑位支持、京东PC及移动客户端的广告位或坑位补贴等三方面相应资源的支持。

除了广告补贴之外，京东还在微信购物入口的首页上线京东微店专属频道，通过中心化入口的展示，来为微商们解决最为需要的流量问题。

业界一直有个误解，认为非中心化的微店能够不受"流量魔咒"的影响，但事实并非如此，并不是所有的微商都善于经营粉丝，这时候流量依然是急需的。可以说，京东在微信购物入口上线微店频道，对于微商的支持是毋庸置疑的。

拍拍微店：降低个人商家开店门槛

2014年3月，腾讯入股京东，并将B2C平台QQ网购、C2C平台拍拍网以及易迅网少数股权打包卖给了京东。2014年6月5日，已是京东集团旗下子公司的拍拍网宣布重启，同年10月，拍拍微店正式面向拍拍网上所有的企业和个人商家开放，商家可以通过wd.paipai.com申请拍拍微店的开通及装修。

拍拍微店是基于HTML5设计的，可拓展性强，店铺策划活动也特别容易操作。一个店铺里面可以做100个HTML5活动页，每个活动页都可以是一个旗舰店，而且每个页面都可以独立分发，操作非常简单。

1. 拍拍微店的"三免政策"

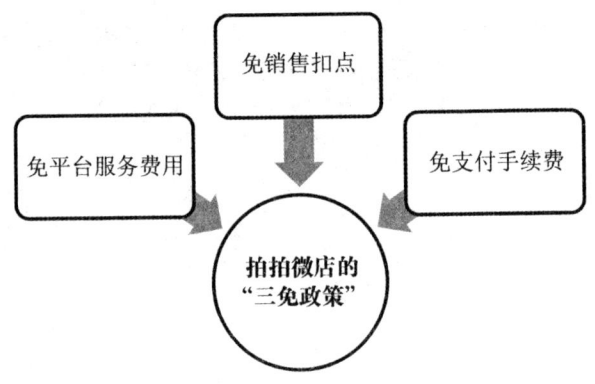

2. 拍拍微店的优势

拍拍微店除了具备订单管理、CRM（如优惠券、会员、积分等）、店铺装修、物流查询、售后服务等功能之外，还具备与PC端流量互通，支持包括微信支付在内的多种便捷支付，降低个人商家开店门槛，提供微信和手机QQ流量入口以及低成本无线端引流等5大核心优势。

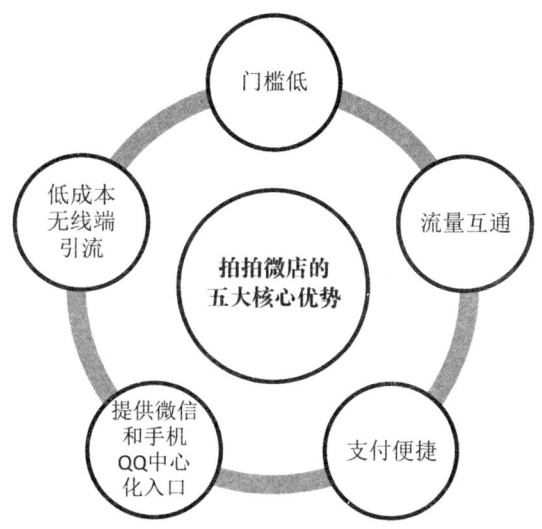

★ 门槛低。拍拍平台上的个人微商也可以开通微店服务，通过拍拍PC端后台完成一键开通和装修。开通的微店有两种。第一种微店是纯移动端的，适用于任何卖家。只要我们希望销售自己的商品，不管是品牌商还是个人，都可以一键开店。第二种是PC端+移动端同步。例如品牌商，需求高大上，同时需要无线端展现，这时候可以通过PC端和微店双重展现。

★ 流量互通。拍拍微店通过在PC端的交易流程设计二维码引导、首页专题推荐、鼓励微店优惠价等多重措施为微店导流，为拍拍微店构筑稳定的流量来源。

★ 支付便捷。为解决移动端支付成功率不高的难题，拍拍微店不仅为商家提供了统一的跨账号微信支付，还提供了包括财付通和货到付款在内的多种支付手段，让商家可以将微店链接分享到包括手机QQ、微信群、微博、论坛等各种网络渠道。目前拍拍微店的订单占比有40%来源于微信场景,20%来源于手机QQ场景,还有40%则来自于QQ空间、微博、论坛等渠道。

★ 提供微信和手机QQ中心化入口。基于京东和腾讯的战略合作关系,拍拍网也将通过微信和手机QQ上的中心化入口为拍拍微店提供在这两大移动客户端上的中心化解决方案,并结合腾讯的社交关系链为拍拍商户提供社交电商的创新玩法,例如"拍便宜""红包裂变"等活动。

★ 低成本无线端引流。拍拍微店将为商户提供强大的无线广点通自主引流工具,目前对商户继续进行广告投放1:1的补贴,帮助商户低成本精准引流。

3. 拍拍微店的开店流程

拍拍微店的开店流程如下图所示。

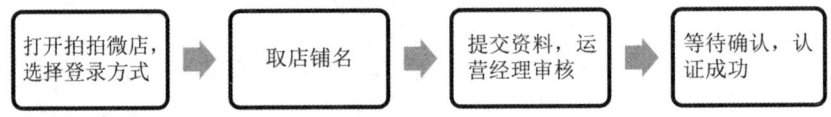

详细流程如下:

第一步:打开拍拍微店。在登录界面有两种方式:一种是QQ账号登录;另一种是微信账号登录。任意选择一种。注意选择一种之后创建的店名就会被占用了,店名不允许重复。

第二步:登录进去之后,首先就是取一个店名了,店名以后可以随时进行修改。对于店铺名称有以下要求:

★ 店铺名称不能重复;

★ 店铺名称中不允许使用带有性、污秽、仇恨和种族歧视信息的文字;

★ 店铺名称不允许含有有损于国家、社会公共利益的文字;

★店铺名称不允许含有政治敏感文字。

第三步：资料填写准确无误后，点击"提交"，弹出确认框，点击"确认"，资料提交成功。资料提交后进入运营经理审核中，审核大致5个工作日。

需要注意的是：审核被拒绝后，用户申请将被永久拒绝；审核被通过后，则进入拍拍微店认证环节。

第四步：当完成所有费用缴纳时，用户耐心等待平台确认即可，大致需4个工作日。确认后认证成功。

微商攻略总结

需要注意的是，拍拍微店对于非个人卖家是收取一定的费用的。其收费标准如下表所示。

收费项目	收费标准一	收费标准二
平台使用服务费及扣点	品牌旗舰店直接入驻的卖家，按照拍拍平台相关标准收取平台使用费以及相应的扣点（根据品类收取类目扣点）。	同时在京东POP开店的卖家（包括旗舰店专卖店专营店等）同一主体入驻拍拍，按照京东开放平台相关标准收取平台使用费以及相应的扣点（根据品类收取类目扣点）。
第三方征信公司认证费用	认证费用人民币250元整(包括1个品牌)，每超过1个品牌，增加50元。	

微店网：使每个人都有一个"微店"

微店网是由云商微店网络科技有限公司推出的一个云推广电子商务平台，微店网的上线，标志着这个网商群体的真正崛起。微店网既为网民提供了一个创收的平台，又为商家提供了一个优质的网络销售渠道，节省了推广宣传的开销。

另外，微店网为网民创造了一个新的角色——微店主。不需要任何费用，普通用户免费注册就成为了微店主，每个人都有一个"微店"，只需要做宣传、做推广，让顾客、消费者从自己的店铺里购买商品，就可以获得"佣金"。

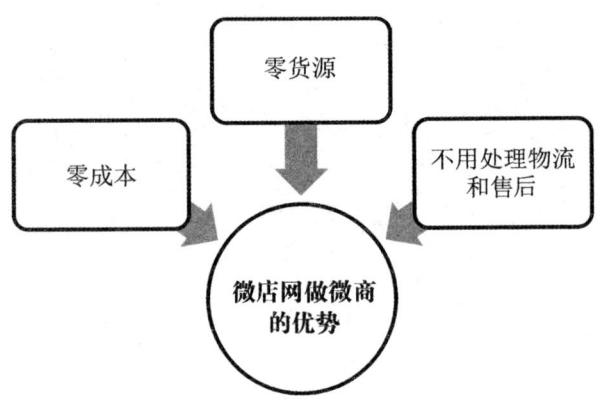

其实，商家进驻到微店网平台上来，他们所发布的商品不仅仅是在自己的店铺里，微店网做了一个云端产品库，商品发布后都会到达云端产品库，而每一个微店都是与云端产品库相关联的，也就是说，商家发布的产

品，在每一个微店里都可以被找到和出售。

在微店网做微商无需资金成本、无需寻找货源、不用自己处理物流和售后，比较适合大学生、白领、上班族兼职创业。

微店网的开店流程

第一步：在线提交企业资料。包括公司基本信息和营业执照，必须要有营业执照（包括个体工商户）。

第二步：认证员审核。微店网的认证员通过电话核实企业资料。

第三步：办理手续，发布产品。企业需在微店网冻结保证金5000元（可退），并支付技术服务费3000元（3年）后，即可发布自己的产品。

在这步需要提醒微商的是：保证金是基于对消费者的负责。如因商家未履行消费者保障承诺义务而导致买家权益受损，微店网有权以普通或非专业人员的知识水平标准，根据相关证据材料和规则决定商户是否应根据本协议的规定、微店网相关规则履行赔付义务。如是，则微店网有权使用商户的保证金先行赔付给买家。

第四步：商家发布产品信息到云端产品库。商家进驻成功后，在微店网后台拥有产品发布功能，供应商要自定义好产品的属性和描述，并填写零售价和推广佣金。商家可以随时管理产品。

第五步：系统让商家的产品在无数的微店展销。消费者进入任何微店购买了商家的产品，货款先通过支付宝、财付通、网银等途径支付至微店网，并在商家的后台生成订单。

第六步：商家收款。消费者放款或者7天内系统自动放款，货款在2个工作日内完成结算流程。消费者放款后，微店网在3个工作日内把货款划拨至商家后台账户，可随时申请兑现。

微店网是基于互联网和移动互联网平台运营的，其交易保障主要有以下几个方面。

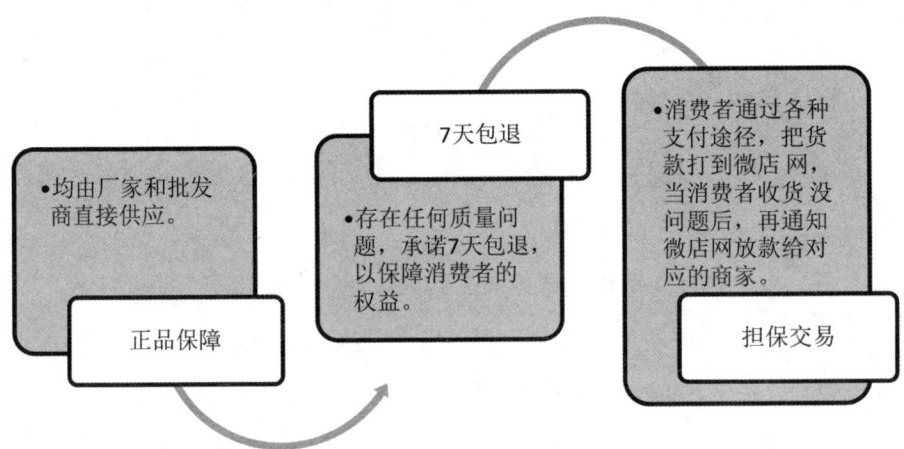

如今，微店网的注册用户每天仍在成倍递增。微店网创造了一个全新的商业业态。一种新的业态的诞生，它是否能够生存，是否能够发展，还需要以下3个条件：第一，它为消费者创造使用价值；第二，它为经营者创造价值；第三，它为社会创造财富。这3个条件缺一不可，尤其重要的是第一个条件。微店网就是一个具备这3个条件的企业，希望它能够发展得越来越好，为消费者、为经营者、为社会创造更多的财富。

需要注意的是，微店网所出售商品价格均为未含税价格，所以无发票附送，保修时提供订单编号即可。确实需要发票的，需加付6个税点，即商品价格的6%。支付方式可咨询在线客服。在收到商品的当月，消费者可以联系客服申请补开发票，但是不支持跨月、跨年补开发票的服务。

口袋微店：全网移动购物导购APP

口袋微店由杭州起码科技有限公司开发打造，它打通了京东、亚马逊、唯品会、凡客诚品等淘宝之外所有电商平台的连接，成为全网移动购物导购APP。它的模式为：

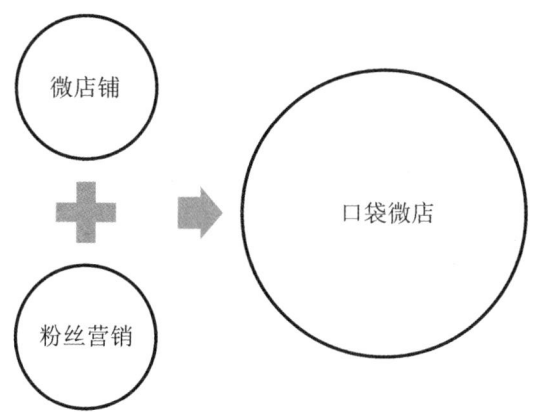

简单而言，就是帮微商管理客户、服务客户，并能通过各类营销手段，产生交易获得订单的工具平台。

1. 口袋微店的优势

口袋微店有一套强大的微店铺系统，提供了完整的微商解决方案。使用口袋微店，商家可以快速、低成本地搭建一个微商城。口袋微店提供了全套的商品管理、订单管理、交易系统、会员系统和营销系统。

口袋微店提供的店铺页面管理系统，商家有极高的自由度去定制自己的商城，几乎每一个页面都可以自定义。

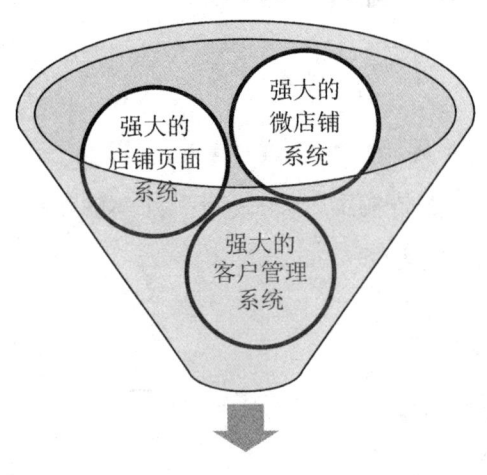

口袋微店的三大优势

需要注意的是：口袋微店提供的是底层整套的店铺系统，它和微信或微博并没有直接联系。不过，如果把微信账号绑定到口袋微店店铺，微信则成为你的店铺面向粉丝的重要出口。换句话说，账号绑定后，商家就可以把店铺经营到微信上，向自己的粉丝推送活动通告、上新通知，和粉丝直接交流和沟通，粉丝可以直接在微信APP内点击进入店铺，浏览商品，并完成最终的购买。

口袋通提供了十分强大的客户管理系统，商家可以对自己的每一个粉丝进行分组、打上特定的标签，更加有针对性地进行消息推送。如果商家没有微信公众号，只有个人账号，在口袋微店建好店铺后，可以将店铺的页面（包括店铺首页、商品页等）分享到朋友圈，好友看到后即可访问店铺，进行购买。如果商家有微信公众号，则可以向粉丝推送图文消息，引流到口袋微店店铺。如果公众号具备自定义菜单权限，还可以直接把菜单链接到店铺。

2. 口袋微店的3种支付方式

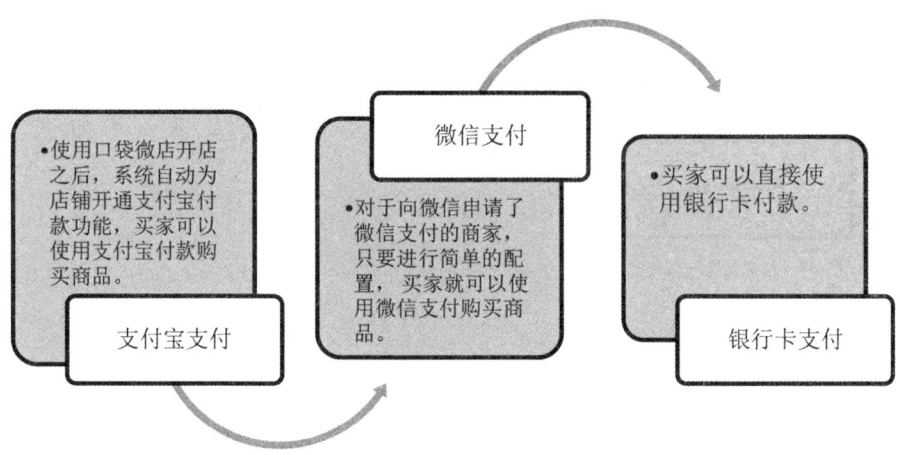

3. 开通口袋微店的流程

开通口袋微店非常方便，而且所有服务免费，商家只需前往口袋微店首页，点击"立即注册"按钮，按页面引导走完注册流程即可。个人店铺只需要运营者手持身份证照片即可，企业店铺则需要提供营业执照（副本）彩色扫描件或数码照、授权运营书。

前往微信公众平台，点击页面右上角的"立即注册"按钮，按页面引导走完注册流程即可。注册所需材料同前。

微信认证是微信公众平台为了确保公众号信息的真实性、安全性，提供给微信公众服务号进行认证的服务。微信认证后，商家可获得功能更强大的高级接口，向用户提供更有价值的个性化服务。

必须是认证的服务号才可以申请微信支付，微信支付申请流程较为冗长，也比较复杂，申请过程主要分以下几个部分。

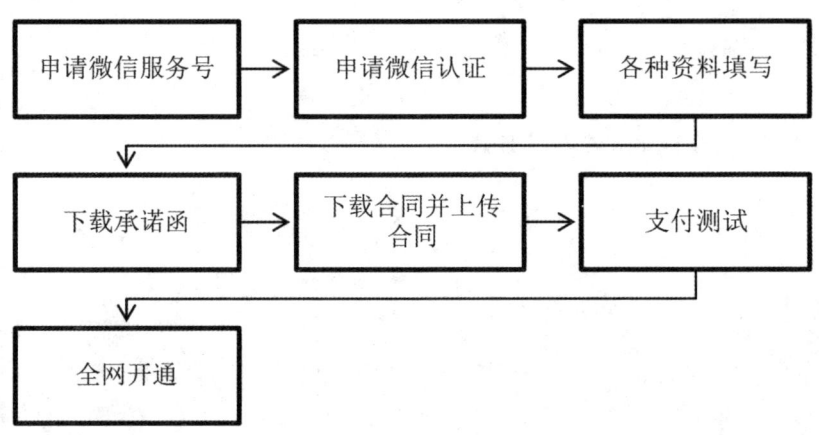

> **微商攻略总结**

　　口袋微店除了提供一个店铺系统必备的功能外，还开发了很多好玩的营销应用，微商可以使用这些应用和粉丝互动，开展营销活动。除了微信和微博，口袋微店开发人员正在做手机短信、邮件的推送，该服务的大部分内容都将是免费的，比如发货通知、物流通知、售后等。

第 3 章 微商创业的各大平台

微盟旺铺：商家便利的新营销渠道

微盟是一个专门针对微信公众号提供营销推广服务的第三方平台。主要功能是针对微信商家公众号提供与众不同的、有针对性的营销推广服务。通过微盟平台，用户可以轻松管理自己的微信各类信息，对微信公众号进行维护、应用智能机器人客服、在线发优惠券、抽奖、派发会员卡、打造微官网、开启微团购等多种活动，对微信营销实现有效监控，极大扩展潜在客户群和实现企业的运营目标。

微盟平台很好地弥补了微信公众平台本身功能不足、针对性不强、交互不便利的问题，为商家公众号提供更为贴心的、且是核心需求的功能和服务。

例如，在线优惠券、转盘抽奖、微信会员卡等推广服务让微信成为商家推广的利器；智能客服的可调教功能让用户真正从微信繁琐的日常客服工作中解脱出来，成为商家便利的新营销渠道。

开通微盟的流程如下图所示。

详细流程如下所述：

第一步：直接输入网址www.weimob.com或者百度"微盟"，点击进入微盟官方网站，单击"免费注册"按钮，进入"注册"页面，填写用户名、密码、手机号码、邮箱、QQ号等资料，单击"马上注册"按钮，即可进行在线注册。

第二步：微盟平台对不同版本添加公众号的数量作了相应的限制，除至尊版可以同时添加两个公众号外，试用版、体验版、增强版、黄金版、行业版都只能添加一个公众号。

添加"点击公众账号"按钮，进入添加公众账号界面，输入相应的信息，有问题可以随时咨询微助手。公众账号名称与微信公众平台公众账号名称保持一致。微信号填入公众号的英文名称，这个是唯一的。图文统计代码用来统计图文浏览的相关数据，目前可以添加第三方统计平台，如百度统计、CNZZ，后期微盟会加入对图文的统计。

在这一步需要注意的是：公众号原始ID是一个非常重要的设置，微盟平台进行通信就靠这个ID，所以不能填错。

第三步：登录微信公众平台mp.weixin.qq.com，进入"设置"→"账号信息"界面，即可查看微信原始ID。输入完成后，单击"保存"按钮，提示将接口地址和Token绑定到腾讯公众平台；单击高级功能，进入开发模式，并开启开发模式。

在这一步需要注意的是：如果微信公众平台没有高级功能，说明你注册的账号还在审核中，审核通过后会有高级功能。另外，开启开发模式后，则编辑模式不能用，两者只能选其一。

第四步：执行操作后，填写接口URL和对应Token，单击"提交"按钮。如果提示提交成功，说明公众号绑定成功，如果出现服务器无法正确响应Token验证，说明URL或者Token有问题，应仔细检查。

在公众号绑定完URL和Token后，整个添加公众号的操作完毕。

微商攻略总结

微盟开通成功后，可以看到账户信息，微商需要注意账户信息里各参数的含义，具体如下图所示。

套餐有效期	• 指套餐到期的时间，套餐结束后公众号将会被冻结，所有功能将不能使用。
请求数	• 请求是指粉丝通过公众号发起一次互动，比如输入一个关键词、发送一个位置都记为一次请求。不同版本请求数不一样，行版不限制请求数。
图文自定义	• 指在"回复设置"→"关键词回复"中可以定义图文语言回复的条数。

开旺铺：开启微商美好时代

开旺铺定义了开放的移动电子商务的API协议，它是特别为移动应用场景所设计的。不仅微商的移动商店可以通过开旺铺开放API连接到现有的网上商店，其他设备，比如自动售货机、交互式触摸屏、游戏机等，任何第三方应用都可以成为微商的销售渠道。

另外，微商仍然在原来的后台管理所有的商品、类目、订单、优惠券，开旺铺移动终端能够实时从后台读取商品信息，写入移动用户的订单信息。

1. 开旺铺的功能

开旺铺的基本功能如下图所示。

2. 开旺铺的开店流程

开通开旺铺的流程如下图所示。

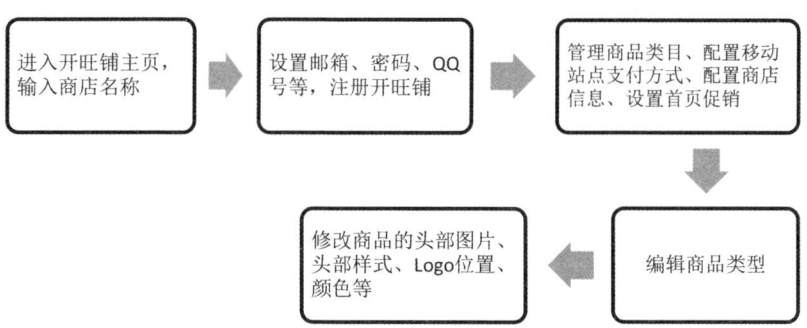

详细流程如下所述：

第一步：进入开旺铺主页，可以选择桌面版商店或移动版商店，并在下面的文本框中输入商店名称，单击"开始"按钮。

第二步：执行操作后，设置邮箱、密码、QQ号等，选中"我同意使用协议"复选框，并单击"我也要发布移动商店"按钮。

第三步：执行操作后，即可注册开旺铺，进入"我的商品"后台管理系统。微商可以在此管理商品类目、配置移动站点支付方式、配置商店信息、设置首页促销，还可以免费领取为期1个月的高级版试用。

第四步：单击"业务管理"→"商品目录"→"商品管理"按钮，进入"商品管理"界面，微商可以在此编辑商品类型。

第五步：单击"移动商店"→"商店外观"→"设计外观"按钮，用户可以修改商品的头部图片、头部样式、Logo位置、颜色等。

金元宝：更好地服务于客户

金元宝是由北京易达正丰科技有限公司开发，以服务微信商家客户为目的的微商开店平台。金元宝微商管理平台提供了强大的自定义回复及图文信息分类功能，通过此功能可以更好地做出具有产品特色的内容，并自动建立手机4G网站，更好地服务于客户。

1. 金元宝店铺的功能

金元宝的店铺主要有4大功能，如下图所示。

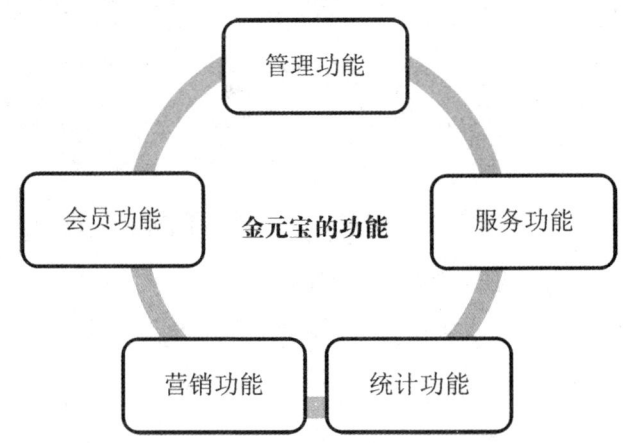

管理功能：包括订单管理、客户管理、商品管理。

★ 订单管理：支持订单信息查询、优惠及价格修改、订单状态跟踪等。

★ 客户管理：提供用户管理、积分管理、会员卡管理，微商可以给不同用户不同优惠。

★ 商品管理：提供发布商品的模板，商品归类、出售情况及仓库管理等功能。模板包括商品名称、货号、价格、库存、重量、样图、描述、型号，支持批量管理，设置店长推荐等功能。

服务功能：包括转发、开店、装修、会员卡、提现等服务。

★ 店铺装修：微商可以个性化展示店铺，选择展示模板、修改封面布局、开展置顶活动等。

★ 会员卡定制：设置会员卡封面、颜色、卡号、特权等。

★ 收入提现：随时提现，一般1～2个工作日到账。

★ 转发至朋友圈：微商和用户都能将商品和活动分享至自己的朋友圈，提高曝光率。

★ 三步开店：微商只需完成3个步骤，即可快速完成整个开店过程。

营销功能：包括下图几个方面。

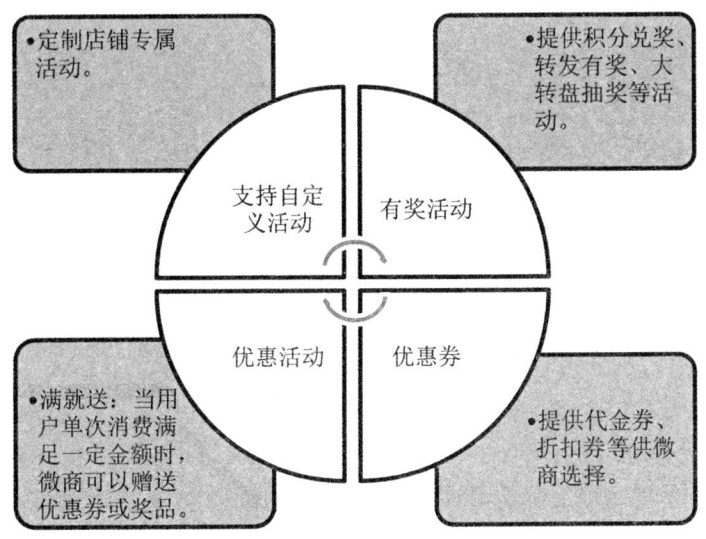

统计功能：金元宝提供多种销售情况统计方式，量化信息，让店铺的一切尽在微商的掌握中。

★ 显示实时销售情况、访客数、浏览量以及实时客户访问情况。

★ 统计经营趋势、销售明细、流量概况及详情。

★ 排行榜：宝贝排行、买家排行、营销排行等。

★ 收入统计、历史记录查询。

会员功能：微商可以设置会员信息和管理会员。

★ 设置会员信息：微商可以自定义会员优惠、身份特权等，并支持会员专属优惠券、会员特权、会员兑奖、积分说明、系统通知等。

★ 管理会员：提供微商修改余额、修改积分、修改等级等权限；管理页面包括会员姓名、电话、银行卡号、充值情况等信息；可以统计分析会员地区分布、等级情况、性别、年龄，帮助微商更了解用户群体。

2. 金元宝的公众平台功能

金元宝的公众平台主要有4大功能，如下图所示。

金元宝的公众平台具有管理、服务、营销与传播、手机管理等功能。

管理功能：微商可以通过公众号平台管理用户、素材、消息。

★ 管理用户：支持用户分组以及智能分组，更快筛选出高质量、潜在消费用户。给用户添加标签，帮助以后针对各种用户进行营销、互动。支持用户名备注、用户标星。

★ 管理素材：营销相关内容的编辑、展示。支持图文、音频等内容展示，支持封面、图标、配图、标题、摘要等自定义编辑方式。

★ 管理消息：微商可以通过公众号平台与用户一对一交流，并且支持群发、自动发送、批量回复、图文、音频等内容。

服务功能：公众平台提供智能回复、群发消息和数据统计等服务。

★ 智能回复：当用户输入相应关键词时，立即出现微商预先设置的自动回复内容。支持关注时自动发送内容，比如本账号欢迎词、内容概要、简介等。微商可以定制自定义菜单，预先设置相应回复内容。

★ 群发消息：省时省力的推广方法。

★ 数据统计：公众平台提供用户分析、互动分析、图文分析等功能。用户分析可以显示被公众号关注的实时、趋势情况，以及用户性别、地区、活跃度分析。互动分析可以显示互动用户数、消息数的实时趋势图，以及菜单的互动情况。

营销功能：包括下图几个方面。

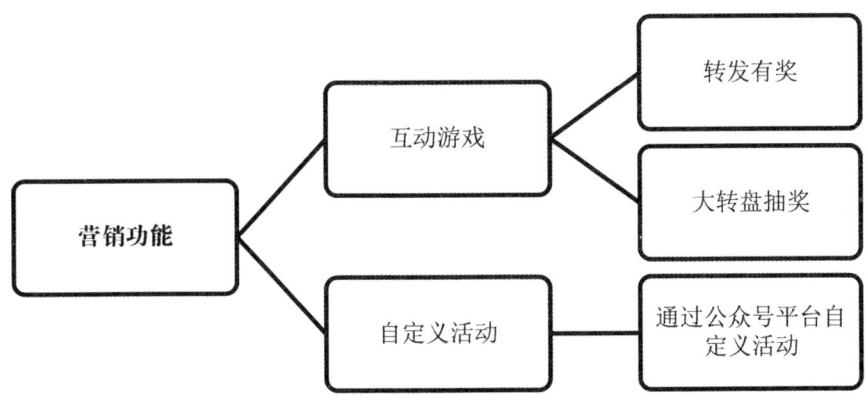

手机管理功能：微商可以通过金元宝手机APP随时随地管理公众号，所有功能、内容、消息掌握在微商的手中。

在移动互联网营销的大环境下，金元宝能走到这个位置源于它的独到之处。首先与腾讯微店、京东微店之间相比，后者把更多的微店用户挡在了门外，使其只能远观而不能近看。而前者更具"屌丝化"，不管是已经成长的企业还是从0开始的个人，都能感受到微店给自己带来的机会。而金元宝所做的，就是提供给每一个有梦想的人一个机会，一个可以去实现自己创业梦想，想改变自己现状的机会。

第3章 微商创业的各大平台

微商实战案例解析3：印美图在微信小店的销售神话

印美图在微信小店上线了新一代印美图单品，通过紧密结合微信功能的智能终端，提供即时的相片及声音卡打印服务。该产品上线仅6天，销售额就突破100万元，成为微信小店首个收入破百万元的产品。

印美图产品的销售初期主要依靠外部代理商，但微信小店和朋友圈的推动为印美图的销售提供了一个全新、高契合度的渠道。

有卖点的产品加上粉丝，再配合"微信小店"便利的支付和社会化传播，是印美图成功的关键所在。

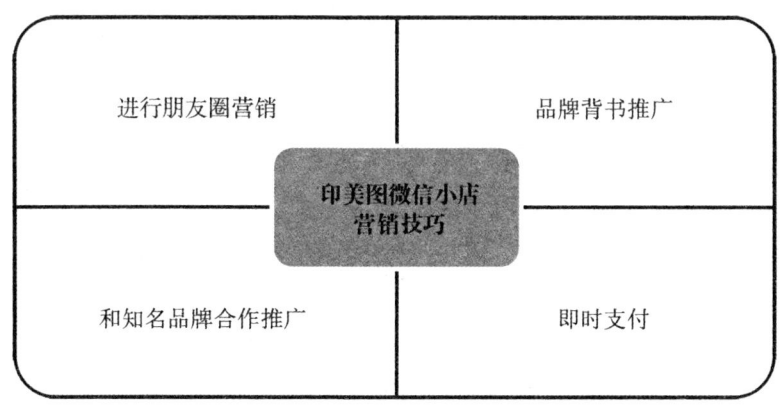

1. 进行朋友圈营销

微信公众号对印美图新机型介绍性文章推送及LOMO相片的展示形成了良好的节奏，在朋友圈获得广泛而持续的关注，成为一个小热点，从而抓住了好奇、喜欢尝鲜的潜在用户的眼球。

2. 品牌背书推广

印美图微信小店的销售页面制作精美，而其各地代理商的推动和粉丝的传播，也在潜在加盟渠道中为其作了很强的品牌背书。

3. 和知名品牌合作推广

目前，印美图已与海底捞、万科、银泰百货，还有宝马、宝洁等品牌达成了合作。比如，Elle25周年庆典的时候，印美图参与会场活动，吸引了很多粉丝的关注和试用，而Elle本身的时尚基因也帮助印美图做了更好的推广。

4. 即时支付

公众号内便利的即时支付，无疑也给品牌产品的销售带来了极大的助益。

所有这些亮点，都基于品牌在社交媒体账号中打造的粉丝效应——一个运营得好的微信小店，能够直接面对已经获得良好产品及服务体验的粉丝，维系双方关系的基点，是更直接的服务和更强烈的信任。

第4章 创业定位,选择创业项目

打开智能手机,观察一下手机上的客户端、淘宝店铺等,相信细心的用户会发现,它们大多数都属于一些与人们的日常生活息息相关的项目,比如服装项目、餐饮项目、旅游项目、金融项目等。

其实,这些项目也正是微商选择的创业项目,而从实际的盈利和效益方面来讲,这些项目也是最赚钱的项目。

微商选择项目的6大原则

微商创业，首先要给自己定位，也就是选择适合自己的创业项目。一个好的微商项目，能够让你快速起步；差的微商项目，会拖你后腿而且很难持续发展下去。微商的本质就是社交，是通过社交的互动沟通建立信任感的过程。这个信任感的建立其实就是你个人品牌的建立，要想在客户口中树立一个良好的口碑，项目质量和可信度不高肯定是不行的。如果你的项目品质有问题，你去做推广、成交、转介绍都会有困难。

所以，做微商，选好项目至关重要，尤其是在2016年，大量传统行业进入微商领域，产品品质一定是最基本的保障。

微商选择的产品，至少要符合以下6大原则。

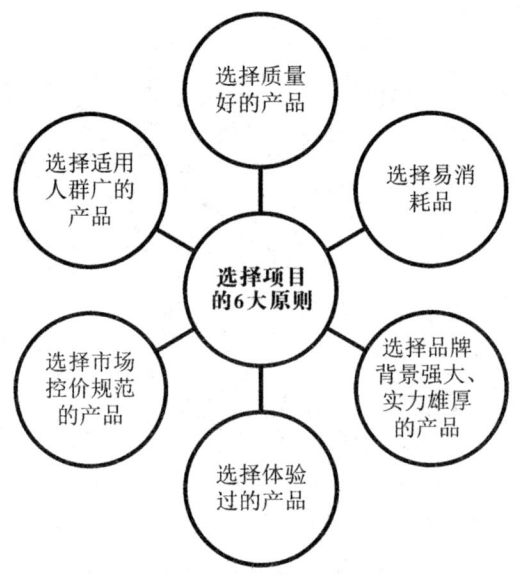

第 4 章 创业定位，选择创业项目

第一原则：选择质量好的产品

产品质量好是微商选择产品最重要的原则，是微商能够持续经营的最基本的保障。

一个产品只有质量好，才有可能持续发展，这点毋庸置疑。在选择微商代理产品的时候，一定要选择做有实力的产品，千万不要选择三无产品或者是小作坊产品。

最近曝光的劣质面膜事件就对很多面膜微商产生了很大的影响，央视一曝光产品就很难卖出去了。

做微商诚信是最关键的因素，诚信会让你的回头客越来越多，转介绍的几率也会越来越高。所以微商在选择产品时的第一点就是要考察这个产品的质量，最好可以自己体验一下这个产品，确保没有问题再做，盲目选择产品压货，风险很大，万一遇到质量不好的产品就会让自己的信任口碑受到极大影响。

第二原则：选择易消耗品

2016年微商面膜为什么这么火爆，就是因为面膜属于易消耗品，客户的重购率高。顾客两天贴一次面膜，一盒面膜只够两个星期的使用，一个月下来就至少要消耗两盒面膜。而对于朋友圈卖手机的微商来说，用户一个手机至少要使用半年甚至一年以上，重购率是很低的，你需要不断去拓展新客户，而且现在手机市场价格透明，手机的微商很难拓展业务。所以快消品是微商的上佳选择，有更大的市场潜力。

第三原则：选择品牌背景强大、实力雄厚的产品

微商一定要选择品牌背景强大、实力雄厚的产品。这点最好结合网上查阅资料以及实地考察，确保该企业不是皮包公司。

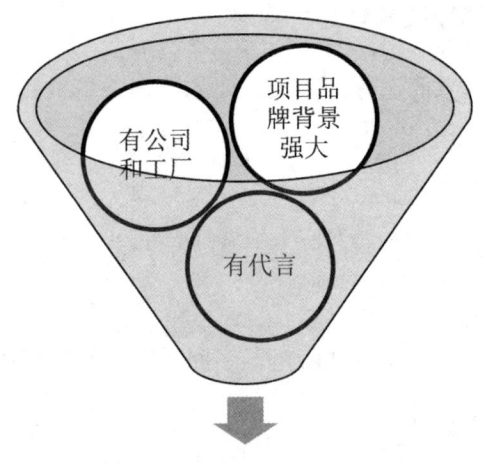

有实力的项目的特点

另外，做化妆品产品的微商在选产品的时候可以考虑优先选择一些有明星代言的产品，因为如果一个公司舍得花费代言广告费，说明该公司相对有实力，也是有长远规划的，这样可以避开很多皮包公司的短期行为，降低风险。

第四原则：选择体验过的产品

微商在选择产品的时候，自己先体验一下是很有必要的，如果有些是自己不方便体验的，也一定要团队成员体验，如果是女性用户为主的产品最好要求女性去体验，她们对产品了解比较多，感受更全面和细致，比如化妆品。不能一味相信广告宣传或者所谓的用户体验对比照片，自己体验过后才知真假。试用后你才知道产品品质的真实度，后续招募代理时也会更有底气，成交也会轻松很多。

第五原则：选择市场控价规范的产品

微商界很多品牌在市场控价方面做不到位，产品旗下的代理商一多，就很容易出现价格混乱的局面。很多品牌的产品在淘宝和天猫等电商平台上也有,有些甚至淘宝的价格比微商的价格还低,这样客户肯定会毫不犹豫地选择在淘宝购买,所以微商品牌的价格都应该统一化、规范化。电商渠道的销售价格高于微商渠道,这样更有利于微商的发展。代理商之间的价格应该严格规范,这样更有利于市场的开展。

第六原则:选择适用人群广的产品

微商选择的产品最好是适用人群比较广泛,能够不受年龄、性别等限制。这样消耗更快,顾客人数更多。

比如做一款眼膜,眼膜适用性比较强,可以男女老少皆宜,男性可以去黑眼圈,女性可以去眼袋,这样的产品消耗会很快,只要效果好就会有很高的购买率和重购率。

这点是刚进入微商领域的新手需要特别注意的,除非是掌握了一些特殊的人脉或者商品资源,不然千万不要轻易地去尝试做一些小众产品,例如高尔夫球具、收藏品等,因为这些产品针对的是特定人群,如果对这类产品没有兴趣,是不会购买的。

微商攻略总结

微商在选择产品时应该结合自己的实际情况去看,而不是盲目听从他人意见。结合自己的性格特点和兴趣爱好,以及微信好友属性状况分析,最后进行综合考虑。在做决定之前,要通过各种方法去考察品牌的实力以及上家自己的销售情况,团队的氛围,是否有系统培训等。微商产品选择需谨慎,做到多思考、多考量、多考察、多筛选。

微商如何充分挖掘产品卖点

选择好项目后,接下来就需要充分挖掘项目卖点。

产品的卖点就是产品独特的销售主张。说到卖点其实就有买点,相对应的客户独特的购买主张就是买点。产品的买点和卖点又有什么区别呢?如下图所示。

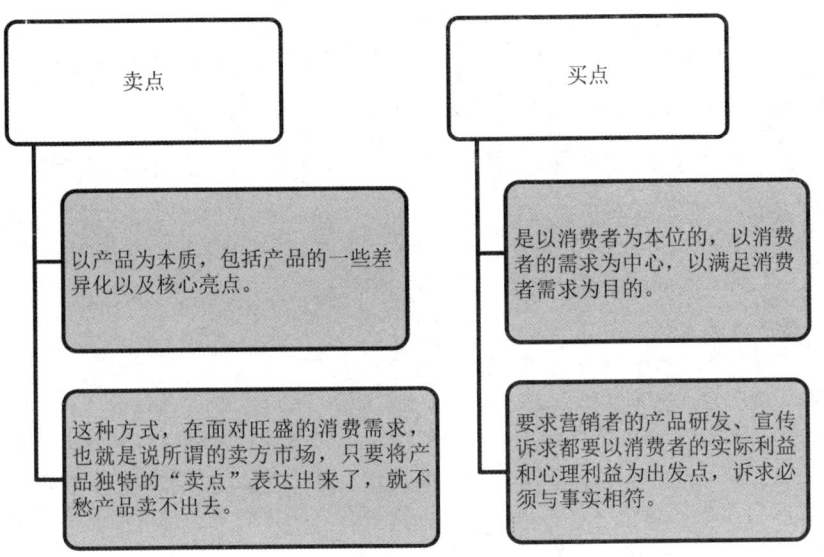

只有把两者相结合做出来的产品才是好产品。挖掘产品卖点一般从以下6个方面进行。

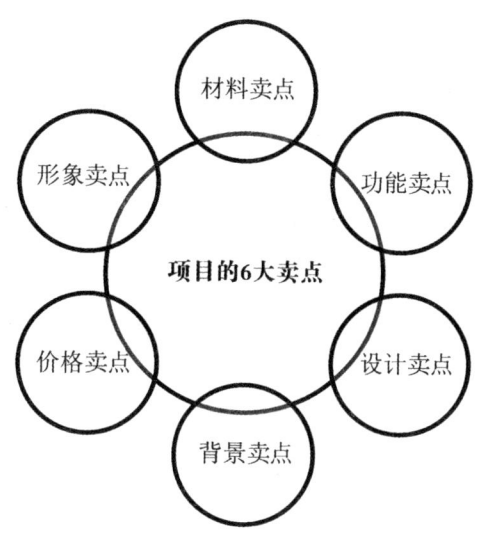

1. 根据产品的材质、制作材料不同而产生的卖点

比如微商面膜，有些材质是蚕丝、有些是纳米材质，这就是材质上的差异化，称为材质卖点。微商不管做什么产品，都可以从材质上找到属于自己产品的核心亮点，然后进行塑造包装，在销售上一定会容易一些。

2. 根据产品的功能进行细分找出卖点

以宝洁为例，宝洁会根据产品功能去细分客户群体的不同需求，适时推出不同类型的产品系列，以满足他们的个性化消费特点。比如海飞丝：去屑；飘柔：柔顺；潘婷：营养。

功能卖点是带给消费者直观改变的产品卖点，功能决定消费人群、消费需求，也决定了销售。目前市场上70%产品打的是产品功能卖点，这也是最核心的一个卖点，功能差异化是打动消费者购买的关键产品卖点。

3. 根据产品的外形包装、产品风格设计、产品整体形象等形成的差异化卖点

苹果在产品设计方面是长项，笔记本电脑、iPod、iPhone、iPad的设计风格都是引领潮流和受到年轻人喜欢的。

微商的产品包装一定要有特色、有个性、时尚，唯有这样才能成为闪光点，让用户看一遍就记住你的产品，这可能就成为产品的核心卖点了。

4. 根据产品背景挖掘产品故事，让故事成为产品卖点

从产品的背景出发，可以是特殊产地、特别的制作工艺，甚至是特别的制作人，也可以是产品的独特情怀。比如红遍互联网的褚橙，讲了褚时健坎坷创业的经历故事，让客户产生了共鸣，如此励志的创业故事打动了很多用户，从而"褚"就成为这个橙子的卖点。

所以，挖掘你产品的故事，让这个故事成为产品的卖点。这也是非常关键的卖点，微商要打造自己的个人品牌产品，就必须要有故事，通过产品背景故事去吸引粉丝关注，故事可以成为品牌的文化背景，赋予产品感情和生命力。

5. 根据价格差异化而产生的卖点

如果定位的是高端市场，那么产品的价格就高，定位中低端则价格就低。像小米不仅价格低，性价比还高，所以在手机行业以"最高性价比"突出重围成为手机行业领军品牌。这就是打的产品价格卖点，毕竟价格低是很吸引用户眼球的，通过低价抓住用户的心也是一个核心的卖点。

6. 根据产品某种精神和形象的卖点

产品某种精神和形象,可以满足顾客的某些精神需求,为顾客创造附加的心理价值,可以建立与顾客之间更加牢固、更加密切的情感联系。

例如微商很多面膜产品都请了明星代言,这也是一种附加价值,很多用户因为是明星的粉丝,就购买了面膜。或者说一些产品在央视、各省市电视台等刊登了广告,这也是一种产品形象卖点,满足了客户的精神需求。或者说很多用户因为相信这个产品形象从而相信了产品品质,最终购买你的产品。

微商攻略总结

一个产品的卖点还可以提炼很多,在营销过程中,可以将产品卖点进行叠加展示给客户,说服力会更强。微商需要将自己产品的核心卖点提炼出来,然后吸引客户的眼球,进而打动消费者购买。这也是你的核心竞争力,能够让你的产品销路更加顺畅。

预测产品是否会畅销的两个有效手段

前面两小节讲了选择产品的原则和挖掘产品卖点六大要素,那么当有备选产品后,怎样才能有效地判断该产品是否畅销呢?有效的预测手段有两个,下面分别介绍。

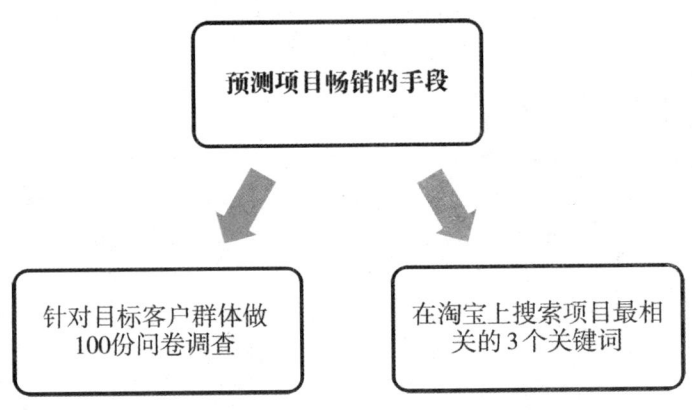

手段一:针对目标客户群体做100份问卷调查

根据选择产品所针对的目标群体准备一份调查问卷,进行小范围调查。可以线上线下都开展调查,寻求消费者对这款产品的第一感觉、看法、购买意愿以及不想买的原因等。

虽然是小范围调查,但至少应覆盖50~100个人,这个人群中要选择一部分熟悉的亲朋好友,也要选择一部分陌生人,再选择一部分介于熟悉与陌生之间的人,看看他们答案的共性以及不同的地方。

很多时候，这样的问卷调查的结果往往会令人惊讶。用户想象的跟我们感觉的如果不太一样，这时候就要再深入分析，看是否需要调整。

手段二：在淘宝上搜索产品最相关的3个关键词

对非发明创新性的常规产品来说，如果市场需求不错，那么早就应该存在类似的产品。如果在淘宝上搜索，前十名结果里面单月成交记录有上万件的，说明该产品的市场是刚需，很容易做起来；反之，如果搜索结果成交量都很少，说明该产品的市场需求量小，做不起来的概率较大。

例如，在选择产品时碰到两个易传播的产品，一个是变色眼镜，另一个是防雾霾口罩。

搜索"变色眼镜"，排在前五名的搜索结果中，有4款产品月成交量在100~300，一款产品成交量有3000多，所有成交量都没有上万。由此数据可以判断，"变色眼镜"是一个小众市场，市场需求度不高，前五名一个月的总销售额也没超过10万元，所以最好不要进入这个市场。

搜索"防雾霾口罩"，排在前五名的搜索结果中，有3款产品月成交量在10000~20000，其中月销量最高的商品月销29440笔，另外两款产品成交量在6000~8000。数据显示"防雾霾口罩"成交量都比较高，由此可以判断，"防雾霾口罩"是一个通用性产品，市场需求度高，可以考虑进入这个市场。

上面3节介绍了产品的原则、卖点和如何预测，下面将告诉大家一些适合微商的项目。

光盘虚拟项目,空手赚钱快

什么是光盘虚拟项目?

光盘虚拟产品包括但不仅限于话费充值、Q币、营销软件、财务软件之类,主要是指光盘类。此类产品成本低,利润高,容易上手,没有囤货风险,进退自如。

下表是可供微商们选择的光盘虚拟产品。

类别	具体内容
职业培训类	美甲教程、月嫂培训教程、摄影教程、汽车维修教程、电动车维修教程、电脑维修教程等
小吃技术类	中华小吃套装、麻辣烫技术、串串香技术、冰糖葫芦技术、饮料制作技术等
成功学类	《陈安之全集》《杜云生全集》《翟鸿燊大全》《刘一秒全集》《安东尼罗宾斯潜意识教程》等
养殖技术类	养猪教程、养鸡教程、养蝎教程、养兔教程、养牛技术教程、养鸽教程等
赚钱创富类	竞价技术教程、网络营销教程、seo赚钱教程、无基础开花店运营方案、淘宝开店教程等
娱乐恋爱类	泡妞秘籍、魔术教程大全、舞蹈视频教程、瑜伽教程、恋爱搭讪教程、训狗教程等
早教教育类	胎教音乐、幼儿英语、记忆力培训、智能开发、右脑开发培训、亲子教育等
康复功能类	口吃矫正教程、颈椎病自我治疗视频教程、冥想增高教程、左撇子锻炼法、养生催眠音乐、慢性疾病音乐疗法、回归山水自然音乐等
行业培训类	4A广告文案大全、房地产策划大全、中医养生资料大全、美容院经营策略大全、酒店管理教程、企业管理培训移动硬盘等
其他类	个人旅行指南、防身格斗教程、麻衣神相相面术、夫妻相处技巧、婆媳相处术等

第 4 章 创业定位，选择创业项目

想必上面琳琅满目的产品项目，已经让你心潮澎湃了。上面的光盘产品大部分在互联网上是已经有的，也有一部分是空白的，那么这些空白的产品会是没有市场的吗？

不是！举个例子：夫妻相处、婆媳相处类的视频及教程现在没有，但是迟早是要有的，因为这是一个需要解决的社会问题，需要有一个详细、全面的指导。现实生活中，夫妻关系不合导致离婚的居高不下，甚至有增长的趋势，这不是社会的问题吗？不经意间第三者走入人们的家庭生活当中，发生在别人身上是故事，发生在自己身上就是悲剧！如何挽回老公失足，如何重归幸福家庭，这些事对于当事人来说比吃饭都重要。

这是一个逆向思维，从需求找市场。对于光盘类，大多网络销售者采用很多赠品来吸引顾客，殊不知那些赠品不过是几十甚至上百GB的一大堆文档资料，谁会有耐心有时间对着电脑看完？你又见过多少人对着电脑看书的！那些文档的结局是被压在硬盘下垫底，直到有一天不小心删除或者内容多的装不下了不得不删除。

这个时候，你如果把赠品换成一个U盘，那些资料放在U盘里送给顾客，是不是更有吸引力一些？一个U盘也不过50元，批发的话价格更低，而你的产品销售价格是由自己决定的。你还可以组织一个会员QQ群，把他们召集在一起，以后你再有新产品，随时通知即可。到那时候你就不需要再做推广了，广告直接进群发布就可以了，这些既是有信任基础的老顾客，又是需求类似产品的精准顾客，转化率很高。

可以这样说，如今的移动互联网遍地是金，作为微商的你，只要抓住机会，选择好创业项目，就一定会成功。

快消项目：给用户推送多种选择

一直以来消费者日常生活都离不开快消品行业。如今快消品的种类越来越多，而且从事这一项目的微商也越来越多。要想从激烈的竞争中脱颖而出，就需要利用多种渠道来营销。换句话说，就是在微商营销时给用户推送多种选择，让用户有更多的选择空间。为了能更好地了解这种模式，下面以屈臣氏为例加以说明。

在2014年2月14日情人节前后，屈臣氏在手机微信上给用户送来了"成双成对"的安全套优惠产品，而且屈臣氏还向用户推荐了众多的选择，让用户在挑选的时候有更大的空间。

不仅如此，屈臣氏还在手机网页上设置了一系列的消费选择版块。比如"门店最特惠""网店最优选""贴心小助手"等，每一个版块都包含几种不同的选择。消费者在看到这些信息之后，点击它，就可以进行一对一的挑选。

屈臣氏通过手机网页的设置、推送产品的多样化，给用户带去了多种多样的选择，从而为用户的购物增加了很大的乐趣。快消品项目竞争非常激烈，如果不能给用户多一点选择，那么用户会很快放弃你。

因此，快消品项目要想留住客户，必须要给用户送去不同的选择，让客户选出适合他的产品。这就需要微商多动脑筋，开发思维，想出吸引用户关注和选择的方法。

1. 多选择促销方式

妮维雅在微商营销方面做得非常出色。众所周知，男士护肤品本身就不如女士化妆品那么走俏,而且种类也不如女士的多。但是,妮维雅却在男士护肤产品方面给广大男性消费者送去了多种选择。特别是在2013年"双十一"期间,妮维雅更是结合了购物节的含义与气氛,给用户增加了很多可选的"料"。

女性消费者在看到这则信息之后,或许就会给男朋友或丈夫送上一份表达爱意的护肤品;而男性消费者看到之后,不但多了选择,而且价格优惠,又有节日礼包,所以一定会选出一份适合自己的特惠产品。妮维雅的这种多选择促销方式也确实给企业带来了显著的效益。

2. 变相推销

在微商营销中,很多微商相互竞争的方式就是单一的价格战。比如某快消品企业给用户发来低价信息,另一品牌又发来买一赠一信息。这样用户的眼中就很难脱离"价格"二字。时间长了,用户就会对这种赤裸裸的推销方式感到厌倦。而立白集团却很少这样做。

立白集团在微店里的营销方式上独出心裁,很少出现赤裸裸的价格宣传,没有为用户推送多种产品信息,也没有打价格战,而是给用户提供了多种去看立白"广告"的选择。比如结合2013年最火爆的综艺节目"爸爸去哪儿"和"我是歌手"来做宣传。众所周知,"我是歌手"2013年、2014年的主赞助商都是立白。立白企业采取这种个性的互联网营销方式,其实就是一种变相的推销。

微商攻略总结

快消项目的更新换代通常不是很快,所以微商在做营销时,需要拟订一个长期的计划。比如在节日促销、特惠活动期间要格外慎重,一定要给用户多一些选择,这样才能让用户在心理上产生一种抢购产品效应。

娱乐项目：了解客户的心理需求

随着移动互联网的高速发展，多数娱乐行业企业都走上了移动营销道路。特别是微信普及后，很多娱乐项目微商都建立了微信公众号，在这个平台上面为广大移动设备客户提供丰富多彩的娱乐方式和产品。

娱乐企业还根据用户的需求在线上创立了多种新奇的营销方式，与线下营销相互结合，形成了一个完美的闭环营销，让客户在娱乐的同时，还能满足自身的心理需求。

比如一家电玩店，在没有微商营销时，该店的主要营销方式就是张贴海报、电视广告和网络宣传等，看到宣传的用户会直接去店里娱乐、消费，这种营销方式最大的特点就是只能引发个人消费。

而微商营销则产生了很大区别：一条信息可以在手机上被很多人同时看到，而且用户还能通过个人手机的注册信息来获得意外的惊喜和优惠。同时，客户还能通过手机网络的串联关系把这些信息分享给自己所认识的好友。这一系列的动作相当于免费的广告宣传，会给娱乐项目微商带来更多的客户、更好的企业口碑等。所以，从这一点来看，娱乐项目是很适合进行微商营销的。

那么，娱乐项目的微商应该如何利用"娱乐"进行营销呢？

娱乐项目微商想要在微商营销方面有所成就，首先就需要了解客户的心理需求，抓住这一点，再来推送和制定一些合理的版块和营销模式，自然就会事半功倍。

当然，每个娱乐项目微商都有自己的特点和优势。然而在做营销时，仍然有以下2种通用的方法。

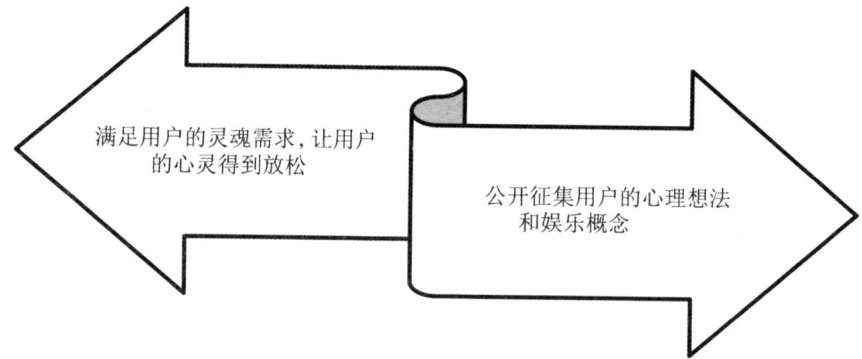

1. 满足用户的灵魂需求，让用户的心灵得到放松

真正的娱乐项目微商，不只是满足用户外在的娱乐需求和娱乐目的，更需要满足用户的灵魂需求，让用户的心灵得到放松、安慰和满足。

在这个方面，全球经典音乐就做得很到位。

该企业在手机网页上向用户推送消息时，从来不会推送一些无聊、乏味、毫无主题的娱乐信息，而是会侧重用户心灵需求，推送一些让用户感到身心放松的娱乐内容。比如全球经典音乐曾给用户送上了适合婚礼时放送的音乐经典曲目。

如此一来，用户就能感受到企业的用心，自然就会对企业充满感激之心，也会更加关注该企业。

2. 公开征集用户的心理想法和娱乐概念

娱乐微商需要掌握用户心理，才能做出有针对性的营销活动。而由于微商营销的私密性和一对一性，所以微商可以在手机页面上向用户公开征集用户的心理想法和娱乐概念。微商在得到用户的这些信息之后，可以加以整理，给用户呈现出他所期待的内容。

微商攻略总结

娱乐项目在进行微商营销时，要特别注意一点，即抓住用户心理需求；切忌推送一些庸俗的内容，否则会引发用户的排斥。同时，娱乐微商还要结合当下流行的话题来制作一系列的主题娱乐项目或者产品。

旅游项目：向用户提供更加个性化和人性化的服务

旅游项目在以往主要是依靠与酒店、交通以及餐饮等行业的互动来开展营销，营销方式也比较单一，在市场竞争日趋激烈的情况下，只靠传统的营销模式似乎已很难支撑企业的可持续发展。这需要旅游项目不断加深自己的"内功"，创新自身的运营模式。微商的发展，为当下旅游企业提供了全新的营销思路。

随着移动互联网的发展，旅游项目可以借助这个平台向用户提供更加个性化和人性化的服务，这也成为了当下旅游行业在电子商务方面的一大热点。用户可以通过访问旅游行业企业的客户端或者手机网页来进行多方面的咨询和办理旅游业务，这不但有利于旅游项目的整合发展，也为用户带来极大便利。

这也充分表明，旅游项目是十分适合采用微商营销的。当然，想要通过微商营销做大、做好企业，也需要一定的方法。

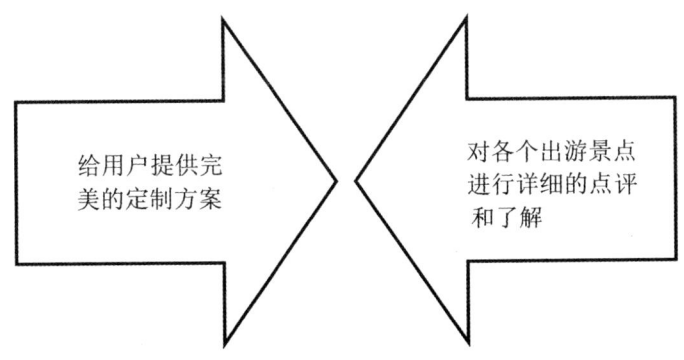

1. 给用户提供完美的定制方案

旅游项目要想在微商店铺中给用户提供完美的定制方案，就需要从点滴做起，充分考虑旅游景点、门票索取、交通路线、酒店入住等细节。这些方面都关系到用户对该旅游微商的喜好和排斥与否。所以，旅游店铺必须要建立一个完整、系统的服务系统，让用户在微商的手机客户端、页面、微信上实现门票、交通、酒店等的一步到位。

比如驴妈妈，在微商营销中就很注重这一点。在驴妈妈的手机页面上，第一眼就可以看到这几大版块：景点门票、自由行、度假、酒店、温泉、团购等。用户点击自己感兴趣的版块就能从中获取相关信息。比如订酒店，选择好城市、入住日期和限制条件之后，就可以查找到符合相关条件的酒店，用户即可选择预订，这对用户来说非常方便。

有了这些细节上的完美服务，驴妈妈很容易被用户认可。这样的服务不但为用户提供了便利，更是对用户的一种尊重，让用户在心理上产生一种VIP的至尊感觉，这也在一定程度上提高了旅游项目微商的知名度和品牌效应。

2. 对各个出游景点进行详细的点评和了解

作为旅游项目的微商，首先需要做的就是对各个出游景点进行详细的点评和了解，只有这样，才能在为用户推荐旅游地的时候对号入座。

比如华天旅游网，在手机上向用户推荐某处景点的时候，总是会列出适合去这个地方出游的人群，比如什么性格的人、喜欢什么情调的人等。

用户在看到这些信息时，就会对号入座。从这一点可以看出华天旅游的用心之处。事实证明，这种人性化、私人订制般的旅游服务，给用户留下了独特的印象，深得用户喜欢。这也启发了旅游项目的微商们，需要在

第 4 章 创业定位，选择创业项目

移动营销中多加入一些创新独特的推送消息，在细节上也要服务到位，让用户完全沉浸在你为他打造的定制服务之中。

微商攻略总结

想要通过微商营销来做旅游，就需要运营人员及时更新推送资料和内容，因为旅游项目本身就是一个朝夕变化的产业。一个新酒店、新景点、新娱乐设施都有可能成为旅游热点，所以必须要及时关注最新消息，这样才能给用户送上最新、最齐全的旅游资讯。

服装项目：给用户提供多方面的服装信息

服装项目是走在时尚最前端的行业之一，所以如果你从事的是服装项目，那么一定不要脱离移动互联网的世界。目前，在北京、上海、广州等大城市，服装实体店、服装网店、服装定制等企业基本都采取了微商营销的模式。微商营销不但与时尚息息相关，而且还能给企业带来更多订单。

如今，在网上开服装店已经成为潮流，如何让自己的服装店在微商世界中立于不败之地成为店主们最关心的问题。要想让用户更长久、持续、热衷地关注你的服装店铺，不仅要给用户提供购物咨询这样的基础服务，还需要给用户提供私人定制般的个性化服务。尤其是在微商营销模式中，更需要注重这一点。

那么，微商应该如何在服装项目上挖掘商机呢？

最重要的就是：给用户提供多方面的服装信息。

既能买衣服，又能学习怎样搭配穿衣，而且这些都足不出户就能办到。试问一下，这样的商家有哪个客户不喜欢？所以，服装企业要向"美丽说"学习，给用户提供多方面的服装信息。

用户用手机上网，最希望看到的就是怎样满足内心的需求。而那些服装、时尚尊崇者和热衷者的心理需求就是对时尚和品位的追求。如怎样才能让自己的穿衣搭配更新潮，怎样才能赶上流行步伐等。微商只要了解这些内容，再去做微商营销就方便很多。具体的操作技巧主要有以下3点。

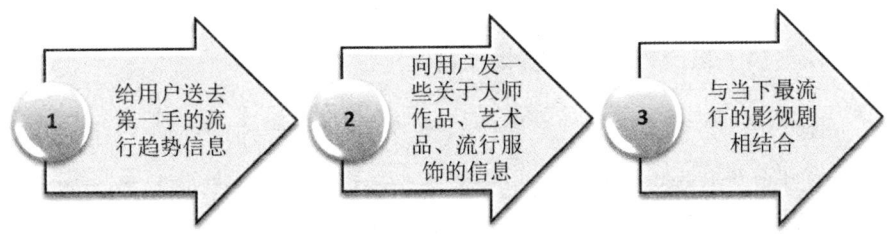

1. 给用户送去第一手的流行趋势信息

服装项目要想让用户多关注你，就需要给用户送去第一手的流行趋势信息。比如每年的大型时装发布会、分布在四大时尚之都的流行趋势、各种大牌的最新秀场图片都是用户喜欢和尊崇的。第一时间向用户发送这些信息，才能抓住用户眼球。

拉斯妮雅服饰公司在微商营销上的推广模式就值得参考和学习。拉斯妮雅不但在第一时间向用户推送了大牌时装秀场的信息，而且还对这些服装图片进行了分析和总结，从颜色、款式等不同角度向用户送上了最专业的时尚资讯。

相信用户在看到这样专业权威且具体的时尚信息时，很容易对这家服装店铺产生兴趣。而获得用户的关注正是微商做营销的最主要目的之一。

2. 向用户发一些关于大师作品、艺术品、流行服饰的信息

要想让客户对你的服装店铺产生好感并持续关注，就要想办法给用户送去好处，让用户明白，你的营销信息可以给他什么样的帮助。这就需要微商多利用手机向用户发一些关于大师作品、艺术品、流行服饰的信息。这样就能帮助用户提升他们的时尚品位，用户自然也就会对你的店铺产生好感。

3. 与当下最流行的影视剧相结合

服装项目必须要与当下最流行的影视剧相结合，很多影视剧中主演的着装和时尚造型都令人瞩目甚至会成为一种风尚标。服装项目微商如果能够结合流行影视剧来为用户送上最潮的时尚搭配，想必一定能吸引用户。

Scorrimze高级服装定制公司在微商营销方面就采用了这种方式。Scorrimze高级定制公司结合当时最流行韩剧《来自星星的你》中男主演的百变造型和韩国影星李敏镐以及中国名模张亮的穿衣风格，然后加以独特专业的时尚分析，给用户提供了最新潮的时尚搭配建议，帮助用户解决了穿衣品位和时尚问题。

微商攻略总结

服装项目想要利用微商营销方式发送一些时尚资讯和穿衣经，最好要找一些比较有影响力、知名度高的时尚达人或者大师来进行专业解读。这样用户才能更加相信该店铺提供的信息，从而对店铺产生依赖感。

第4章 创业定位，选择创业项目

微商实战案例解析4：经典绘本项目，精准营销

微信朋友圈有一个叫"经典绘本"的垂直细分订阅号，博主余春林通过发布绘本、育儿的微信内容吸引粉丝关注，通过一年的发展积累了3万多高黏性粉丝。

余春林曾是某门户网站图书频道的负责人，后来专职做自媒体，运营着两个媒体：一是微信公众账号"经典绘本"；一是腾讯媒体开放平台上的"哈爸哼妈"，有近12万订阅用户。

余春林在2014年1月使用移动导购应用"口袋购物"在"经典绘本"上开的"哈爸微店"。

有了精准粉丝就有了精准流量，下一个问题就是转化率了。"哈爸微店"有订阅号图文消息的支持，有微店商品介绍页的详细介绍，有几万的粉丝基量，通过一些团购打折活动，一次促销可轻松带来几百个订单。

另外，"哈爸微店"采用了情感营销策略，而"经典绘本"主要分享绘本和亲子教育等，推送内容均严格筛选，多数是与父母们能引起共鸣的内容，让人备感亲切，微信上用"哈爸""哼妈"人格化形象，有点像是父母给孩子谆谆教诲的感觉，通过有趣的教育图书、文化内容推荐等图文推送，引发家长们对于教育孩子的思考。

例如，余春林第一次在微店里上传的一套售价为155元的绘本，早上发公众号的图文消息，告诉订阅用户可以到自定义菜单中的微店团购这套书，当天的销售额就达到了33170元。

第5章 组建微商创业团队

如果说2015年是微商的激烈竞争年,那么2016年就是微商的抱团发展年。单打独斗大势已去,现在是一个资源整合、合作共赢、抱团发展的时代,任何人想依靠自己一个人去发展微商,难成大器也!所以要发展自己的团队,有了团队发展才会更快。也许以前你一个人做微商,一个月也能赚上万元钱,可是现在玩微商一定得是团队化的运作,个人能力是有限的,不做团队可能就面临淘汰。

对于微商团队来说管理又成为一个新的问题,团队成员之间如果没有太多的沟通和交流,根本不了解团队成员的基本信息,团队成员之间也不懂得建立较深的情感,这样的团队就不团结,像一盘散沙。团队里如果没有一系列的奖励和激励措施,这就会形成代理人员很多,但是产品却销售不出去的现象,很多代理人员可能进来就是"打酱油"的。微商团队打造必须规范化、系统化、落地化。

微商组建团队的3大原因

很多新入的微商只想着卖好自己的产品，没想过组建团队。然而现实的情况是做任何事业要发展壮大都必须建立团队，不论是专职做微商还是兼职。那么，做微商为什么要组建团队呢？其根本原因有以下3点。

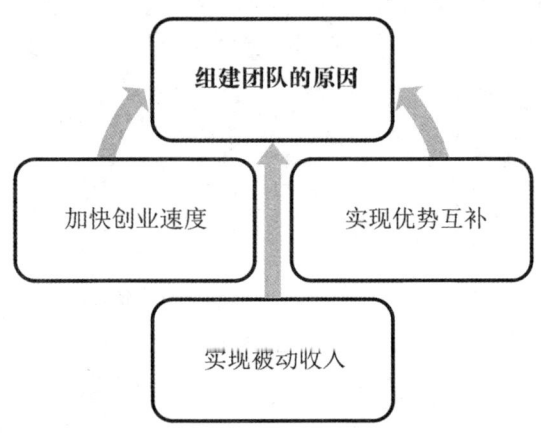

1. 实现优势互补

团队里的人来自各个阶层、各个年龄段，各种学识水平，各自所擅长的也就不同。想办法让他们各自发挥优势，时间多的管理群，擅长写作的写文案，有网络开发技能的做好网站，视频技能好的进行视频营销的推广……总之，团队能够让每个人都找到归属感和存在感，每个人的才能都在团队里得到淋漓尽致的发挥，并且乐此不疲，越做越开心，做事效率越来越高，团队整体的业绩才会实现最大化。而这些如果单纯靠单枪匹马地去干，即使能力再强，也不可能实现。

2. 实现被动收入

收入的形态有两种。

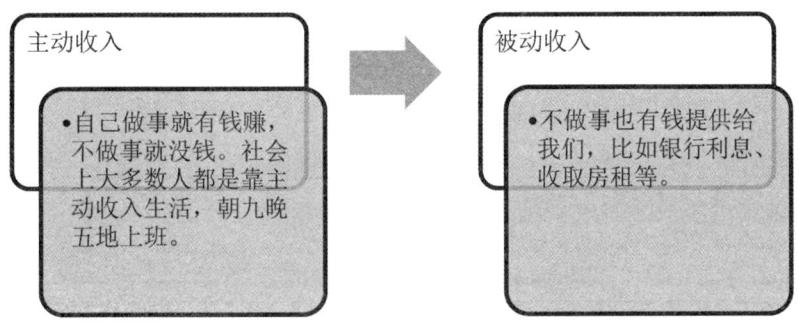

一般情况下，如果主动收入和被动收入的比例是9∶1，我们会活得很辛苦；如果比例是5∶5时，表示生活已经发生了很大的变化。

组建团队，依靠团队出成绩，主动收入会越来越少，被动收入则越来越多，生活的幸福指数也才能越来越高。

3. 加快创业速度

个人的精力是有限的，靠个人的力量，要经营朋友圈、做引流、做培训、收发货，还要做客服，一切都靠自己，不可能做大做强。特别是在这个互联网高速发展的时代，面对微商大变革，微商行业处于1个月相当于实体行业1年发展速度的新形势，要想在这种一日千里的大环境中求生存，组建一支过硬的团队势在必行，且刻不容缓。

如何构建一个出色的微商团队

一般来说,一个出色的团队,它具有以下3方面的特点。

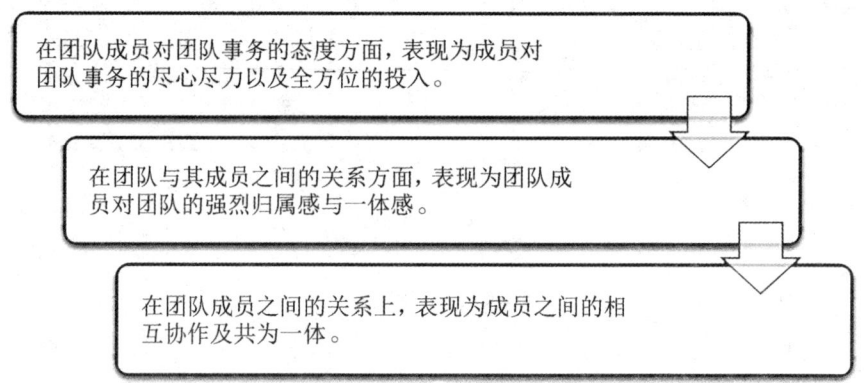

如何构建一个出色的微商团队,可参考以下6大基础方法。

方法1:准确的自身角色定位

准确的自身角色定位,是团队建设的基础。无论是一个企业、一个部门、一个小组想要共同创造出优良绩效,对于每一个个体都必须做出准确的定位。

导致绩效不佳的原因,很大程度上在于团队成员对自身在组织中的定位缺乏认识,定位不准,不能发挥应有的作用,没能尽到应尽的职责甚至起到了副作用。

俗话说,"尺有所短,寸有所长",准确的角色定位,可以使微商团队成员更为清醒地认识自己、最大限度地发挥自己的所长,从而提高了团队的综合实力。

方法2:慎重挑选团队成员

在组建团队时,不仅应考虑完成任务所需要的技能,而且应考虑成员的性格组合,这样才能在正式群体中形成积极的非正式群体。

团队需要以下3种技能类型的成员。

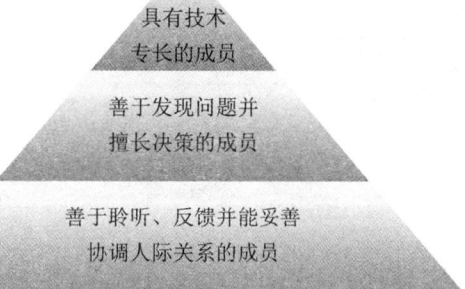

除此之外,高效的团队还需要9种潜在的团队角色:创造者、探索者、评价者、推动者、总结者、控制者、支持者、汇报者和联络者。

方法3:相互信任和尊重

只有在相互信任和尊重的环境下,由各种不同背景的个人组成的团队才能成为团结一心、运转有效的团队。因此,团队要提倡成员间相互尊重和理解,尤其是团队领导者要做出表率。

方法4:采取合理的激励措施

正确判断团队成员的"利益需求"是有效激励的前提。不同层次的人的利益需求是不完全一样的,这要求团队领导者必须分别采取合理的激励措施。

方法5：广泛授权

麦格雷戈的"自我实现人"的假设认为，满足自我实现的需要是对人的最大报酬。团队的领导有以下两类。

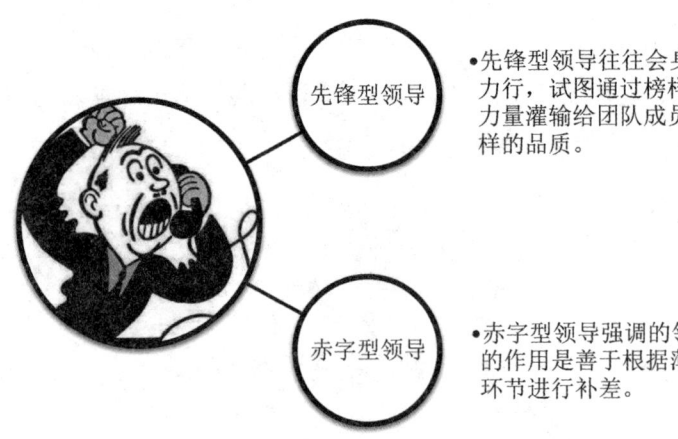

每个人都有自我决策的欲望，这就要求团队领导者打破传统等级制的束缚，适时采取赤字型领导方式，鼓励团队成员参与决策，集思广益，实现成员的成就感，避免决策的失误。

方法6：制定团队规则

团队规则，是团队成员在队伍中为人处世时的一杆天平。每个团队都应制定出支持团队成员的执行规则，便于团队成员之间的监督、沟通、联系。良好的团队规则，对提高整体团员之间的凝聚力、配合力、协调力将有巨大价值。

制定团队规则的目的，不仅仅是约束团队成员自身在精神层面的松散与懈怠，更重要的是培养他们团队大于个人的意识。

第5章 组建微商创业团队

如何防止团队成员"跳槽"

团队组建好了,接下来的工作便是如何防止团队成员"跳槽"。相信所有的微商都不愿意看见自己全心全意建立的团队,没过多久就土崩瓦解了。那么如何才能防止你的团队成员跳槽呢?

防止团队成员"跳槽"有4个技巧。

技巧1:长期合作的承诺

一般来说,团队成员具有较高的专业水平,或拥有较多的资源,可与其持续签约。而团队成员去留的决定权在团队领导。若团队领导向团队成员传递长期合作信号,而团队成员未来期望收益现值大于现在违约所取得的收益,则其与团队间的黏性会增加。

技巧2：有效的授权

团队管理就是要激发团队成员的自主性和责任意识，使之积极主动地思考和决策，以适应多变的现实环境，更加努力地工作。通过适当的授权，使团队成员各尽其责，在适当的位置上参与决策。对承担局部决策任务的团队成员要充分信任并加以必要的指导，从而减轻团队领导的决策压力，使之能够思考更具战略意义的课题。

若团队权力过于集中，则团队结构将变成传统的金字塔型组织模式，这样就会导致团队成员出现消极情绪，致使团队成员工作的主动性不足，给团队的管理造成不良影响。然而授权过度也可能破坏团队的整体功能，降低团队工作的效率，导致"一盘散沙"的局面，因此，授权必须适当，并且需视环境的变化不断加以调整。

技巧3：让团队成员赚到钱

大部分人做微商就是为了能赚到钱，以实现自己的梦想。当然，要让团队成员赚到钱也要坚守几个原则。

团队的力量、品牌的实力、巧妙的营销、舒心的售后，是你提供给代理的保障，是可以让他们快速赚到钱的利器。

良好的产品品质是赚钱的前提，不要把消费者当傻瓜。

技巧4：对团队成员的激励

激励是指团队领导对团队成员进行精神或物质刺激，使其从自身效用最大化出发，自愿或被迫地选择完全遵照约定的合同行动，在生产力诸要素中，人是最关键的要素，团队发展关键是要能吸引到人才、留得住人才。

根据经济学的理论，产生道德风险，其根源是信息不对称。可以通过设计有吸引力的激励措施来达到对称，通过制定团队激励办法，根据双方承担风险的不同，确定未来经济收益的分配比例，增加团队成员的未来期望收益，使其未来收益的现值大于违约收入，这样在充分激励团队成员积极性的同时，能够降低违约概率。

扩大微商团队的关键因素：团队领袖和吸引人才

要成为一支优秀的团队，必须有极强的战斗力，才能在众多竞争者中完美胜出，独占鳌头。同时，一支优秀的团队要想长青不老，还必须不断吸收新鲜血液，不断扩大自己的力量和规模，这样才能真正做大做强。

那么，微商应该如何做大做强自己的团队呢？那就是用优秀的"领袖之道"把自己的梦想变成所有人的梦想。

一、关于微商团队领袖

要想扩大微商团队，首先应该拥有一个优秀的微商团队领袖。微商团队领袖必须具备下图3个方面的要求，团队才有可能走得更好更长久。

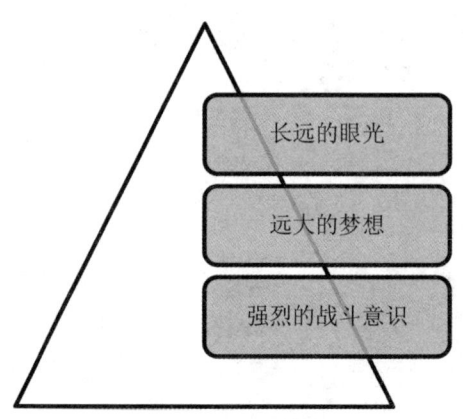

微商团队领袖要有长远的眼光。团队领袖需要看远一点，而不是仅仅看到眼前，更应该看到以后，最少要看到两年以后行业发展的趋势和变化。

现在有很多微商领导者一直在教代理不断地加好友、刷朋友圈广告，并且还说坚持刷、努力刷就会有结果，这就是标准的短视行为，只会把自己的队员推向水深火热之中，最后遭人唾弃。

微商团队领袖要有远大的梦想。大梦想比小梦想更容易实现。因为小梦想是一个人的事情，只能自己干；大梦想，是一个团队的事情，更有利于做团队。当树立了大梦想时，我们的团队就会变得神圣，变得有无限的生命力、十足的战斗力，我们的团队才能够做得更好，走得更远，梦想也就更容易变成现实。

微商团队领袖要有很强的战斗意识。团队的队员来自于不同的行业、家庭、工作、社会地位等情况各不相同，但是因为从事微商事业，大多数都遭遇过家人、朋友的不理解或排斥，有的也走过弯路，或者在学习的过程中，因为一时不能给自己清晰定位而迷茫。因此，团队领袖就需要帮助团队成员树立坚定的信念和信心，激励他的斗志、鼓舞团队士气，带领整个团队斗志昂扬地奋斗下去。

二、关于吸引人才

人才是成就事业的关键，拥有人才，团队才能做大做强。团队中有能力的人越来越多，才能吸引更多有能力的人。人才最喜欢的就是做事的空间，给他们足够的空间，他们会非常乐意做事，并把做事当成一种开心的享受。

微商团队可以通过以下3招吸引人才。

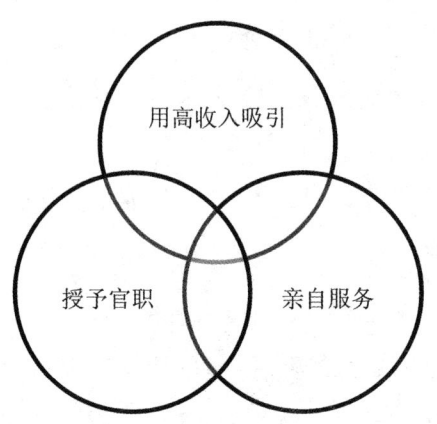

第一招：**用高收入来吸引**。"我玩玩微信，动动手指头，每天足不出户就可以一个月赚1万多元，你要不要一起来玩呢？"在建立团队初期用高收入来吸引，很多人就愿意跟着干。微商也确实有着巨大的市场空间和前景，值得有梦想有追求的人来淘金。

第二招：**授予官职**。团队中应该设置各种各样的职位，这种做法能够让队员们感觉到团队分工明确、系统。我们可以让队员来申请这些职位，当大家一起来为团队出一份力时，团队就更容易管理，队员也更有归属感。

第三招：**亲自服务**。认准的人就要努力去争取，并且要亲自为他提供各种各样的服务，用诚意去打动他，要从细节中表现出我们对他的重视。

对于人才，用心维护、用爱呵护，注重他们的心理、精神的各种需求并尽可能予以满足，并要不惜金钱，把钱花在能产生价值的队员身上。在微信群里面，看到大家热情高涨地讨红包时就要发，发完后队员们热情更高涨，进而能创造出更好的成绩。财散人聚，人聚财多。人才不易得，有人才便要招纳、要珍惜、要降服，这样我们的团队才能无限壮大。

如何有效管理微商团队

做微商和打工不一样,打工有底薪,做微商不但没有低薪,还要花钱进货,所以队员跟着我们干最重要的原因就是可以获得更多的收入。因此,我们招兵买马建立团队的唯一出发点,就是要想尽一切办法帮助队员赚到钱,必要时可以辅助成交。

我们还要有帮助队员赚钱的好习惯,只有队员赚到钱,大家在一起才会更有动力,并且要认识到跟着我们做事是一件很有激情的事,这样团队才会越做越大。

下面是管理微商团队的技巧和方法。

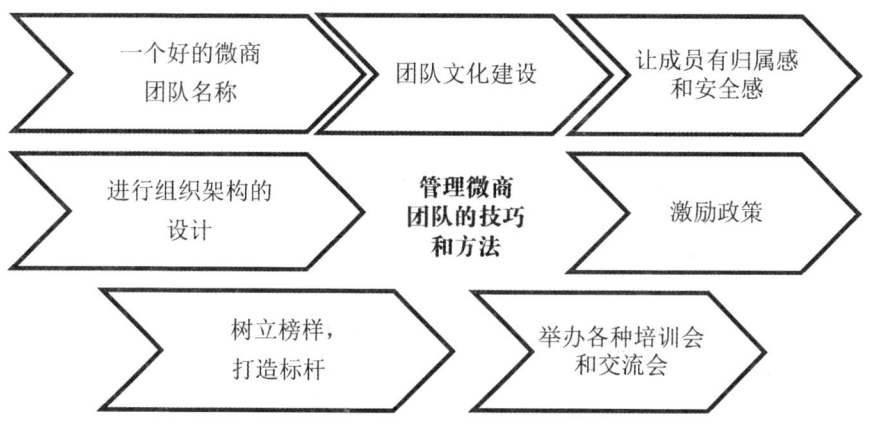

1. 一个好的微商团队名称

产品需要品牌，团队同样需要名称，所以我们每个人都应该给团队取一个易记、响亮、有正能量的团队名称。比如有的微商团队叫燕窝军团、柴公子团队等。

你的团队名称要与你的性格相符，要人家听到你的团队名称就能够联想到你。

为什么要有团队名称？因为方便传播，可以吸引更多优秀的人加入你的阵列。比如可以将你的品牌设计出来，做成旗帜和条幅，团队聚会、参加一些大型会议都可以亮出来，可以多次传播，在朋友圈起到一个宣传的作用。

2. 进行组织架构的设计

和传统企业相比，微商团队在组织架构、管理系统、启动资金等方面都处于劣势，所以微商就需要学会充分利用自己的优势，组建一个具有明确分工的团队。

建议按照下图进行组织架构的设计。

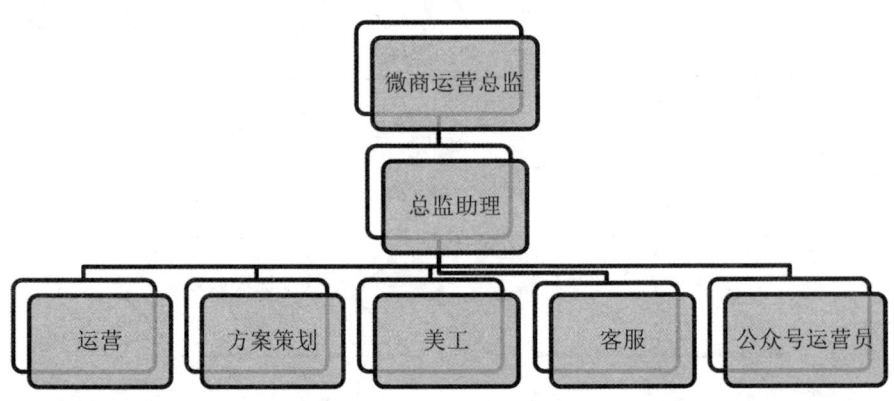

团队分工职责见下表。

职位	职责
微商运营总监	主要负责微商的项目规划、推广、统筹和执行,制订销售目标、任务分解、团队管理、招募代理等工作。
总监助理	协助总监落实和执行一些事务性工作。
运营	负责代理管理和代理培训,提升团队凝聚力,组织和策划代理相关活动。
文案策划	负责撰写产品的文案、朋友圈文案、推广文案和活动文案等相关文案工作。
美工	负责产品的海报设计、朋友圈的海报设计、活动海报的设计。
客服	处理代理、客户的一些投诉处理工作。
公众号运营员	负责运营公司品牌的官网公众号、内容的编辑、粉丝的互动、公众号的宣传推广等工作。

3. 树立榜样,打造标杆

在团队里塑造一些榜样和标杆出来,可以营造良性竞争的氛围,进而将整个团队激活起来。

淘宝每年的"双11"活动都会捧一些大的品牌,或者是一些新的品牌,把它们进行包装和神话化,这样就可以吸引更多的公司、更多的品牌加入天猫。

所以一旦团队里有一些代理做得非常好,或者是进步非常快,值得大家学习,一定要进行包装宣传。这样在内部既可以相互学习,也可以形成一股你追我赶的风气,对提升团队的竞争力大有帮助。

4. 团队文化建设

公司没有文化不叫公司，团队没有文化也不能称之为团队。所以要想打造一个有战斗力的团队，必须做好文化建设。比如团队口号、团队标语、团队文化、团队精神、团队管理制度等。尤其对于大型的团队来说，用文化和制度去管理，这样才有效率，也更有激情。

5. 激励政策

除了一些口头激励之外，还要有一些实际的奖励，比如送手机、送旅游，每月有奖、每季度有奖，逢年过节发红包，团队成员生日、结婚发定向红包等。一些激励政策要提前公布，到了一定的时间给予奖励。给每个级别的团队设定目标，制订计划，有奖有罚，这样团队才有激情。

团队成员除了可以卖货赚钱之外，还可以得到其他的一些物质或精神奖励，能够更好地增强团队凝聚力和激发成员的团队归属感。由此可见，建立一套完善的激励机制非常必要。

6. 举办各种培训会和交流会

除了赚到钱，队员们更渴望获取知识。因此，我们需要经常举办各种培训会和交流会，教会队员们用各种方法轻松开展业务并实现成交。

团队领导更要持续不断地学习，不断提升自己。团队领导的思维高度、战斗力和学习力会直接影响到团队的整体水平。

我们也可以开启众人的智慧，每天由团队领袖确定一个主题，并通过创造良好的团队气氛来让大家一起完成主题的分享，继而会收到大量的优质解答，之后就可以形成成长手册，将其整理成案例，用于以后的团队培训中。

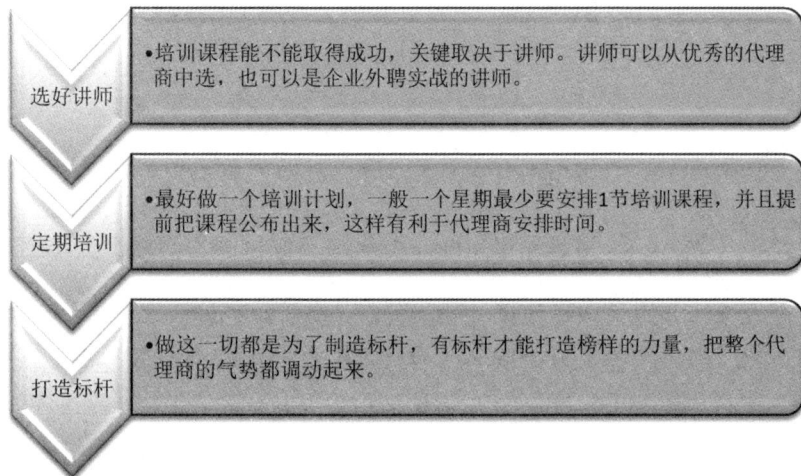

7. 让团队成员有归属感和安全感

我们需要营造一种家庭氛围,让团队成员都有归属感和安全感,同时要培养团队成员的责任意识和付出精神。团队的领袖就是"家庭"的家长,需要用广阔的心胸与强大的魄力努力营造家庭氛围,把大家的力量攥成一个"拳头",准确有力地打出去,激励大家为实现共同目标而努力奋斗。

要用心去对待每一位队员,当他们有困难时及时帮助,有问题时及时解决;当他们拼搏的时候,我们需要为他们摇旗呐喊,与他们并肩作战,团队成员一起分享快乐、分享喜悦、分享疯狂和分享感恩。

综上所述,微商团队的孵化及扩大过程,就是持续不断地提供价值,将陌生人变成粉丝,将粉丝变成客户,最终将客户变成合伙人的过程。要将客户变成合伙人,就需要成为他们眼中的"土豪",舍得花钱,舍得分钱,以利吸引;或者成为他们眼中崇拜的创业明星,带着他们与梦想一起飞;还可以成为他们心目中最敬佩的导师,以知识养其脑,指引他们共赴远大前程。

淘汰不合格团队成员

微商团队在发展过程中会遇到各种挑战。面对这些挑战，只有采取相应的措施，才能使自己的团队在激烈的市场竞争中立于不败之地。末位淘汰制就为微商提供了这样一种非常有效的方式。

淘汰的前提是分类。微商团队里可能有很多人，他们分别扮演不同的角色，承担不同的任务，做出不同的贡献，自然也就有了对于团队贡献率的高低之分。

将所有成员分成重要、一般重要和不重要这几种，再基于他们的工作表现去圈出那些可以或必须淘汰掉的人，就为淘汰工作提供了合理的依据。

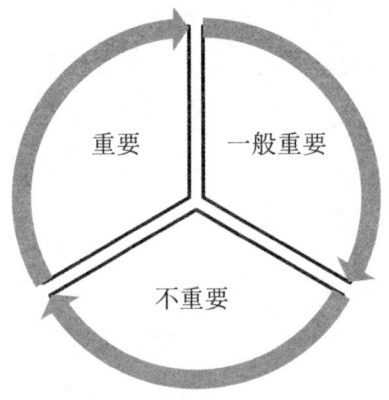

知道了如何淘汰员工，那么，接下来的问题是——对于他们来说，这样的制度是不是有点儿不近人情呢？

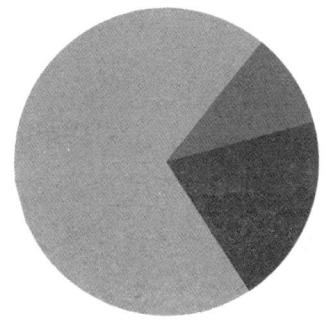

- C类：占10%，面临淘汰的危险。
- B类：占70%，微商团队发展的中坚力量。
- A类：占20%，薪酬高。

如何对待被抛弃的那10%？

首先来分析一下末位淘汰制对员工产生的影响。显而易见，对于A类员工来说，这样的方法使他们获利最多，当然，前提是他们为团队创造了足够的利润。对于B类员工来说，这样的模式也给他们的发展提供了动力。那么，对于C类员工来说，情况怎样呢？

员工在微商团队里工作，不只是为了赚取高额的薪水，更重要的是为了提升自身的能力，并找到一条真正适合自己发展的道路。因此，对于C类员工来说，如果在两到三个月之内还没有适应这份工作或者取得不了一定的业绩，就证明这份工作并不适合他。而且，如果糟糕的业绩持续下去，还会打击员工的自信心，甚至会影响员工的世界观和价值观，这对员工来说无疑是一种更大的伤害。

以务实的眼光来看待与员工之间的关系，末位淘汰制则显得更为重要。微商团队追求的目标是通过优秀的业绩获取巨大的经济效益，并为员工创造福利。只有团队的利润得到保障，员工的福利才能真正实现。从这个方面来讲，末位淘汰制对业绩不好的员工、其他员工以及团队来说都是有益的。

微商团队运营的3大误区

我们听过一些做微商月入百万元、月入千万元的创富故事，这些一夜暴富的案例屡屡出现，使得整个微商圈开始浮躁起来，也把很多微商团队带入误区。现在，就看看微商团队运营的3大误区。

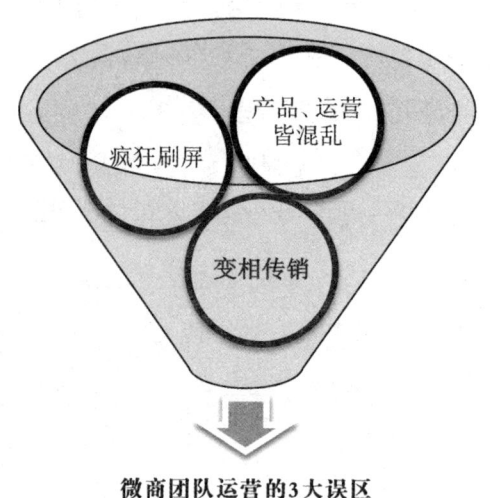

微商团队运营的3大误区

误区1：产品、运营皆混乱，微商团队领袖能力不足

目前的微商品牌可谓鱼目混珠，几乎每天都可以冒出一些不知名的品牌来。每天都会有不同的团队建立，但是由于其中很多团队的能力有限，所以，从渠道运营的角度上来讲问题非常多，代理商与代理商之间的串货、砸价也时常出现，代理跳槽、微商团队内斗等情况也常发生。

误区2：疯狂刷屏，吹牛上瘾

微商是利用社交平台进行交易的群体。很多微商目前的经营模式是利用微信朋友圈作为产品展示的平台，利用朋友圈强关系来赚朋友的朋友的钱。

由于朋友圈消息是按时间更新的，这样信息太容易被刷掉，如果大部分做微商的不刷屏，货就卖不出去。于是就拼命刷，以致让人看到微商秀产品就直接屏蔽。

误区3：变相传销，只拉代理不卖货

当下出现了很多微商疯狂地拉人头，疯狂压货，产品却是没有直接送到消费者手上，变相地变成了传销模式。这样的模式是恶性的，也是危险的。

这些问题的出现，不但影响到了微商这个团体的整体形象，更给误入其中的团队带来灭顶之灾。因此，微商运营者必须远离这些误区，脚踏实地做团队，只有当团队运营好了，才有可能产生好的绩效。

微商团队管理常见问题与解析

"没有完美的个人,只有完美的团队。有了优秀的团队,才会有优秀的个人。"这句话相信大家都能理解。目前微商的发展模式基本都是以代理为主,因此对于微商团队组建、管理,也会出现一些问题。下面将对这些常见问题进行解析。

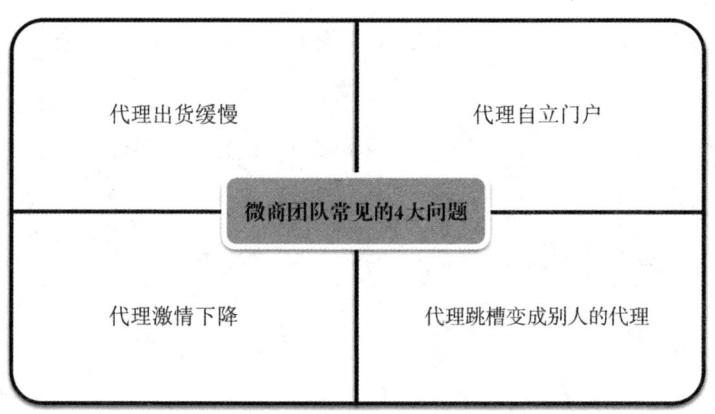

问题1:代理出货缓慢

很多朋友一开始加入微商的时候,都是从自己的亲朋好友开始销售,所以开始的时候销售都不错。可是当自己的亲朋好友都开发完之后,没有新的客源,就会出现产品滞销的情况。此时,他们又不懂得如何拓展新的客源,不懂得如何增加粉丝。销量一直没有增长,就迷茫了,也失去了信心。相信这种问题,不是一两个代理会出现,可能团队的三分之二的人都会遇到类似情况,如果不能突破,必然对整个团队影响很大,影响大家的士气。

如遇到出货慢,没有新的客户,可以尝试以下的解决方法。

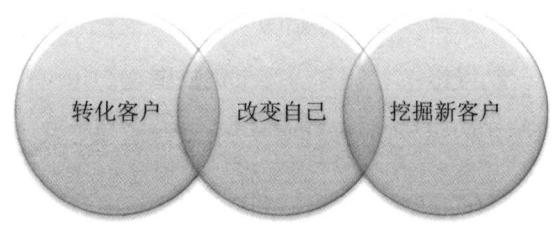

问题2:代理自立门户

作为微商团队的老大,常常处在一个矛盾心理中,既希望代理做得很大,又怕他们做大。原因是当代理一个月可以做到上百万元、上千万元业绩之后,他们常常会选择自立门户。这是一个很现实的问题,因为他们自己都有很大的团队和业绩,如果自立门户既可以赚得更多,又不必屈就于别人的管理,这是很自然的一个想法。

如果你的团队遇到了这样的情况,你可以采取以下策略。

问题3:代理激情下降

很多代理刚加入团队的时候,激情满满,对未来充满希望,对微商充满好奇。可是做了一段时间发现,现实与想象的完全不一样,没有那么赚钱，没有那么开心，也没有那么轻松，并不像大家说的那样，一部手机就可以一边玩一边赚钱。有些人做了一个月、两个月本钱都没有收回，没有卖出什么产品，就开始发牢骚，失去信心，褪却激情。从最初的每天积极发朋友圈，到后来一条都不发，开始的时候向上家积极学习和交流，在代理群里互动及时，到慢慢不再发言，甚至销声匿迹，退出微商。

针对这种情况我们应该如何处理？以下就是解决方案。

问题4：代理跳槽变成别人的代理

代理变心，移情别恋，好不容易培养起来的代理变成了另一个品牌的总代，甚至成了自己的竞争对手，不仅影响业绩，而且非常影响团队的信心。

目前的微商代理忠诚度很低，如果你的产品不好卖，不赚钱，或者别的品牌、别的团队对他们施以一些诱惑，立马投奔过去。

有时候不是一个人离开，而是带走团队其他成员，如此一来，就会造成团队遭受更大损失并更会导致军心涣散。

还有一种情况是有些人带着恶意走进你的团队，不是真心卖你的产品，而是故意来挖你的墙脚。比如他投入几万元，成为你的代理，进入你的核心代理群，他只要在里面随便招到几个代理，用低价等方式就可以挖走你的不少代理。

这种情况我们很难杜绝，但是可以通过以下方案尽量避免。

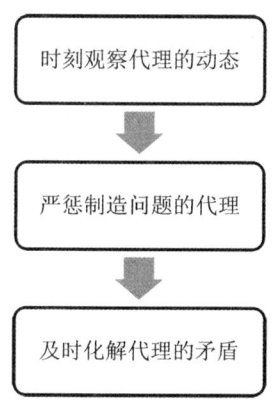

微商攻略总结

现在做微商的品牌商一般拥有上百个总代理，下面还有多个层级的代理。更恐怖的是，有的品牌商总代理的数量就达到了200多个。在这种发展模式下，代理队伍杂而不精，这使代理商的销售价格和经营手段很难控制，这是微商进一步发展的致命问题。

微商团队业绩下滑的3大因素

团队业绩蒸蒸日上是每个微商团队追求的目标,但是往往生活并不如期盼的那样,很多团队会遇到业绩下滑的情况,令团队领导和企业忧心忡忡。那么,哪些因素会导致团队业绩下滑的情况出现呢?

自我审视一下,以下这几个因素可能就是令你团队业绩下滑的原因。

因素1:缺乏有效的激励方法

若缺乏有效的激励方法,则团队和组织难以长久发展下去。团队成员各自都有各自的利益,需求也五花八门,很难统一把控。

什么是有效激励?就是给予微商团队成员合理的"利益补偿",不管是物质收益还是心理收益。很多微商在实际运营中多采用以下这两种典型的团队激励方式。

> 一种是实行平均主义的激励,这种激励在分配资源方面拉不开档次,本意是为了避免微商团队成员之间的矛盾,可是结果把成员的积极性抹杀了,微商团队的发展受到了严重影响。

> 另一种就是简单的纯金钱激励形式,基本上所有的一切都是靠金钱来体现。

第二种激励体现不出来可持续性，耗费也很多，有时候还会伤害团队成员的心灵，让团队成员感到不被尊重。结果预期目的并未达到，团队的积极性也不高，还有可能贻误了组织发展的契机。

因素2：团队目标不明确

团队目标是团队建设的愿景，也是优秀团队的灵魂所在。没有明确目标的团队形同一盘散沙，形不成一个团队，即使勉强凑在一起也是貌合神离。

硅谷中有个"阿波罗现象"，就是由多个聪明人成立的公司95%会失败，原因是聪明人大多自以为是，没有统一的目标。微商在团队建设中一定要尽量避免出现这种情况。

因素3：整个团队缺乏专业的理论指导

大部分微商喜欢借鉴一些成功管理经验的模式，以为只要生搬硬套拿来用就可以了。其实不然，管理模式不像一些作文模板，想套用的微商如果不懂得根据自身的实际情况进行相应的变通，不能做到从实际出发，合理应用那些集国内外经验于一身的指导理论，结果只会是推行不下去，不能真正起到激励和管理的作用，甚至在很大程度上会起到削弱和滞后的作用，最终引致整体团队成员的不满和怨愤，团队的高效率运行也就会再次受到重创。

微商实战案例解析5：伊世一周组建千人小白团队

2015年一个来自广州的护肤团队——伊世·茗尚疯狂席卷朋友圈，在产品未面市、公司未推广的情况下即有千人加入，瞬间引起微商大咖关注。这个伊世·茗尚如此火爆，到底有何魅力？

伊世·茗尚总裁刘凯伊，被伊世大家庭成员称之为伊妈妈，是这个团队的大家长。可以说，这个团队是刘凯伊用她的人格魅力和一直秉持的良心做微商的理念组建起来的。

随着微商时代的到来，团队品质良莠不齐。而伊世团队的创立，就直接定义了2015微商行业的新标准，引领护肤行业进入了全新时代。

可以说，伊世团队是护肤行业的新坐标，它凭借着伊世总裁确立的5分钟转化、精准引流法则在短短一周内组建千人"小白"团队，15天达到700万元的业绩。

伊世团队制胜法宝如下。

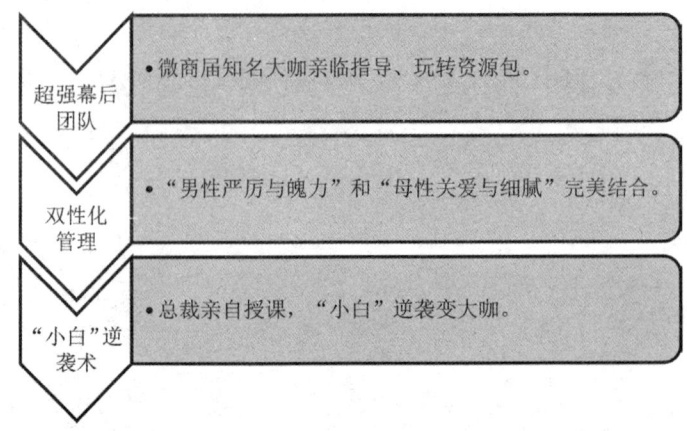

第2篇
引流、吸粉、营销

对于微商来说，引流永远都是一个痛点，尤其是对于那些微商新手。到底怎样才能加到人，怎样才能把粉丝聚集到自己的账号中？这个问题从始至终都在困扰着微商。本篇就来说一说怎样才能做到让粉丝涨不停。

第6章 精准推广——社群营销

社群营销,作为一种"互联网+"时代全新的商业模式,正在吸引着更多的微商前赴后继。在当前环境下,微商需要及时拥抱它,进行精准推广。当然,做社群营销的微商的最终目的都是一样的,那就是盈利。本章主要为读者介绍社群营销的方法和技巧,学会驾驭这些技巧,一定能够让你的社群营销步入一片新天地。

什么是社群营销

传统互联网开始向移动互联网升级，流量、PC端等纷纷失效，各种场景、APP、去中心化在不断产生。更多直接、多元、平等的链接产生后，零边际成本的社群商业模式开始影响并且改变传统社会经济形态，甚至成为主体。

社群的兴起，颠覆了过去的营销，也颠覆了商家们的思维模式。只依靠一个爆款来获得利润的模式已逐渐成为过去时。社群营销的目的是将产品融入更多人的圈子关系中，让一层一层的相关者都成为产品的利润来源。所以微商们必须要看到社群背后的利益。

那么，到底什么是社群营销呢？

社群营销就是基于相同或相似的兴趣爱好，通过某种载体聚集人气，通过产品或服务满足群体需求而产生的商业形态。社群营销的载体除了微信外，论坛、微博、QQ群，甚至线下的社区，都可以是社群营销平台。

社群营销既然是大趋势，而且也能给微商带来很多好处，那么我们就很有必要来了解社群营销及其优势。

优势一：是一个完全属于自己的平台。在社群营销中，你是通过微信公众号、朋友圈、微信群、QQ群、空间、微博等进行营销，这些都是完全属于自己的平台。在这里，你可以尽情展示商品、服务，粉丝也能最快获得你的信息。而且在这样的平台上，你不需要支付额外的费用。这是社群营销吸引人的一个重要原因。

第6章 精准推广——社群营销

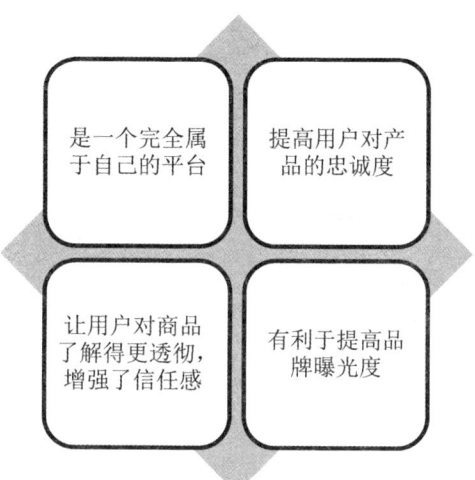

优势二：提高用户对产品的忠诚度。 在社群营销中，是直接在自己的平台社区中发布相关信息。虽然提供的激励内容比传统营销少很多，效果却比传统营销好很多。因为在社群中，用户基本都是自己的客户，他们参与是为了得到更新的产品，而奖励只是顺带获得，这样也能在很大程度上提高用户对产品的忠诚度。

优势三：让用户对商品了解得更透彻，增强了信任感。 在社群营销中，用户之间交流更密切和频繁，而且用户还能通过发表心得来说明使用后的看法，也能从更多用户的评价中得到一些准确信息。总体来说，社群营销让用户对商品了解得更透彻，有更强的信任感。

优势四：有利于提高品牌曝光度。 在社群营销中，微商的更多信息会被传播到互联网中，朋友圈、微博、QQ空间等，都会有意无意传播店铺的品牌，所以社群营销更有利于提高品牌曝光度。

社群营销已经成为了微商想要开拓的必要区域。社群营销既然有那么多优势，那么我们就来看一下，社群营销带来的颠覆效果。

随着移动社群的发展，人们的要求和需求在变化，仅仅是获得一些另类食谱已经不能满足用户的需求。而且各大应用市场中类似的美食APP越来越多，同质化严重。

这时候豆果美食看到了社群的影响力，运用社群理念开辟了一个全新的美食类APP。

豆果美食打造让用户自主创造菜谱的功能，而且以社群为主，每个注册用户都可以发表自己的菜谱、做饭的心得、图片，然后会有很多粉丝关注，形成用户的一个社群，而这些小社群又全都在豆果美食这个大社区中。因此，豆果美食成为了用户分享美食的人气社区，顺其自然，豆果美食打开了一片市场，成为了亲民且高人气的分享社群应用。如今豆果美食是全球领先的美食互动平台，也是我国唯一一个达到高品质食材供应商标准的APP，其下载量超过8000万。

当然，这只是社群给企业带来颠覆的一个冰山小角，在偌大的互联网中，各行各业都在利用最新的社群概念来改变和颠覆着企业的未来以及发展。所以无论什么行业，如果你还挣扎于传统营销的瓶颈，或者正想转变，不妨搭建一个社群平台，这样才能真正让社群带动你的发展和进步。

第 6 章 精准推广——社群营销

自建社群：打造有影响力的社群

社群营销已经成为一种必要的营销手段。但是其方式成千上万，微商该如何打造有影响力的社群，起到"四两拨千斤"的效果呢？

在此为你介绍5个妙招，一定会对你的社群营销有所启发。

1. 举行震撼的欢迎仪式

大家都有这种体验：当我们进入一个新群的时候，显示的是谁邀请你进入什么群，加入群的人以及一大堆的人的名字。这时候，大多数朋友都会有一种好奇和淡淡的不安之感。如何消除这种感觉，逐步建立信任呢？可以编写如下欢迎模板：热烈欢迎×××加入××群（这里的×××可以做一个修饰，比如淘宝双金冠卖家×××、移动互联网营销专家×××，等等）。这种扑面而来的欢迎氛围，会让人觉得群主非常热情。当然，语言组织、表达形式上还可以更加完善。

这个方法虽然简单，但是一个新群建好之后能一直坚持做这个动作，简单的事情重复做，就是一种潜移默化的教育，教育大家一起跟随，在跟随中逐渐形成一个习惯，有了这个习惯，也就有了打造有影响力的群的基础。

需要注意的是，通常新群刚刚建立时，人们的热情都非常高涨，信息量会非常多，甚至一会儿不见就猛增数百条。这时，就很可能会出现有些人因为还没弄清楚怎么玩儿又怕吵就退群的情况。凡事过犹不及，因此，一开始建的新群，你不需要引得大家太亢奋，保持到一个基本活跃的状态就可以了。

2. 完善群规则

无规矩不成方圆。有了群规，所有进入群的人才会按照规则办事。因此，除了令人震撼的欢迎仪式，还要在群的宗旨、规则方面给新进入的人做一个言简意赅的介绍，并且尽可能写一篇"××群新人必知必读"并做成模板收藏，每有3~5人进入就发一遍，让那些刚进群的人一目了然。

下图就是从百度上下载的某社群的规则，希望给你一个参考。

> 请大家自觉遵守以下发帖、回帖和管理的规则，共同营造良好的交流环境：
>
> 1. 本群不接受一切色情、暴力、反动、谩骂、恶意、恐怖、人身攻击和其他所有不符合我国法律法规的文章发表。如有发现一律删除，情节严重者可能进行封闭发布者的处理。
>
> 2. 本群不接受一切纯灌水、各种类型谩骂、恶意、恐怖、人身攻击和其他不文明言语的回帖。例如"靠""飘过""我的群组是xx，欢迎大家去看看"等。如有发现一律删除。
>
> 3. 回帖请文明用语，回复内容要与主题相关，与主题无关的回复并影响版面秩序的，我们会进行删除处理，请大家注意噢！
>
> 4. 回帖中若必须进行贴图请注意控制图片大小，如超过半屏，将对帖子进行删除处理。
>
> 5. 本群建立初期，希望大家给予多多的理解和支持，共同维护本群组秩序。对于本群问题和建议，也欢迎大家积极在本群闲谈※区版面发贴提出。
>
> 6. 群组成员们多发帖子，非常好的帖子管理员一定得要加精或置顶。
>
> 7. 作为管理员最好可以天天上线，这样大家才感觉到自己在群组里得到重视，让每一个群内成员都能感受到家一样的温馨与关怀！对于会员发表的优秀帖子一定要记得回复哦！并且要用心地回复。每天一定要及时清理垃圾帖子，对于那些乱发帖的成员，可以先加入黑名单，然后再删除，保证帖子的质量和整洁。
>
> 8. 希望每个成员开开心心，快快乐乐，加入本群即积极搞好本群。谢谢大家的支持！

在打造群影响力的过程中，注意将各种群文案收藏起来，在需要的时候马上发到群中。同一个口令重复千万遍就是执行力，当我们的群里不断重复我们群的价值观以及群规则时，慢慢地，所有群成员都会自动去遵守群规，而不再需要群创建者每天去发，这样也就会形成群文化。当然，刚建群的最初1~2个星期，还是需要群主自己去发、自己去带动的。

3. 为群友提供价值

当群形成文化之后,接下来,就要为群成员提供一些价值。因为每个进群的人,他们都在等待,等待群会有活动,跟我们看电影时一样的那种期待的心情。

人们进入一个群,不外乎几个需求:学习知识,掌握新的资讯;拓展人脉;寻找一些新的项目或者机会。我们提供的价值,就可以从人们的需求开始。

群成员自我介绍 → 包括姓名、常住城市、做什么行业、有什么资源、需要什么。这是最基本的介绍,找项目的人和要拓展人脉的人,一看就知道了。一定要有模板,如果没有,就会很乱。

帮助群成员推广 → 可以先从那些活跃的、比较支持群的人开始,把他们的名片发到群里。或者组织大家在自己朋友圈里相互推荐。同时组织群里的朋友24小时之内都相互加为好友。这样就满足了人们拓展人脉的需求。

4. 定时清理人员

清理人的"话术"见下图。

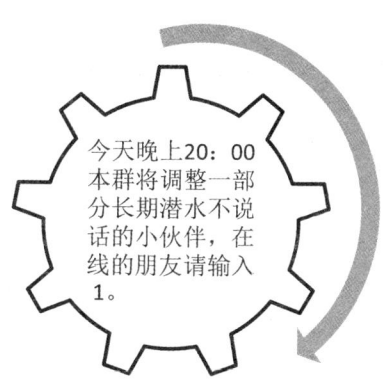

今天晚上20:00本群将调整一部分长期潜水不说话的小伙伴,在线的朋友请输入1。

发完上边那句话后再继续说，今天要举办活动，这样可以先调整一部分人后再开始进行活动。这个行动主张很有意思，你会看到很多人在群里签到，群一下子就会活跃起来了。

5. 建立闪聚闪离群

微商常常做闪聚分享群，一个群的生存周期是24小时，当嘉宾分享完，群内的气氛非常好的时候，群主告诉大家，本群已经完成使命，明天中午12点准时解散，如有需要请大家互加好友。

每次宣布的时候，群友都大呼，这么有价值的群为什么要解散、下一次怎么相聚等问题，这时可以在群里推出下一次分享群的群主，告诉他们添加群主微信签到，可以进入下一次的分享群。事实证明，每一次解散群，都会为新群主吸引来几百位精准的粉丝。

解散群也是为了让群更有价值，没有人去维护的群、没有主题的群，就没有必要留着。

微商攻略总结

对于那些扰乱自己发展，破坏自己社群发展的人要及时剔除，不要不忍心，千万不要因为一个老鼠药坏了一锅汤。一定要学会处理群里成员的关系，发展适合自己的粉丝，通过他们带来更多的粉丝。长期良好的几百人的社群，可带来的价值非常可观。所以在创立平台的同时也要创建好自己社群，完善自己的管理体系，打造一个"社群+平台"的双模运营模式，这样在未来的竞争中才能占据一个不败之地。

第6章 精准推广——社群营销

加入社群：借助他人的社群营销

微商除了自建社群，还需要加入到更多的社群中开展营销工作。加入其他社群营销有很多技巧，使用了这些技巧可以达到事半功倍的效果。

1. 加入社群的5个步骤

微商加入社群分5步进行。

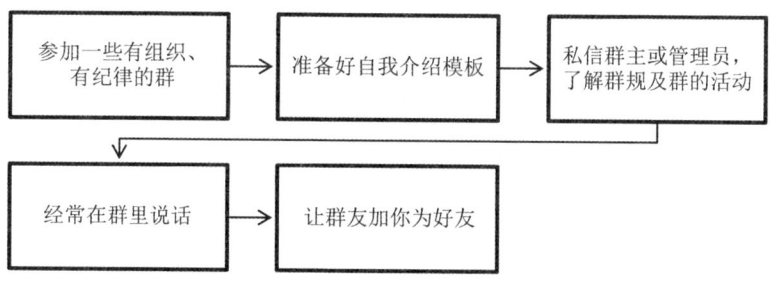

第一步：参加一些有组织、有纪律的群。建议大家能多参加一些付费的社群，此类型的社区有组织、有纪律，也有专人维护，花小钱去筛选出高质量的人群永远比花时间去找无数个垃圾群有效，除非你不关心快速整合资源、拓展人脉的成本。

第二步：准备好自我介绍模板。将自己的姓名、产品或者项目列出来，角度不是卖产品，而是交朋友，希望所处的行业和自己的产品能够帮助到大家。不要急于发布，等到和大家特别熟悉时再发布出去。

第三步：私信群主或管理员，了解群规及群的活动。不要小看这一个环节,到目前为止,很少有人进群时,询问群里是否有什么群规或者注意事项。看到这种问话时,第一感觉就是这位朋友比较靠谱,能够换位思考,站在别人角度考虑问题,对他的记忆也会更深刻。因此,大家不要忘记混新群要私聊群主询问规则。

第四步:经常在群里说话。多观察,看看谁是群里影响力的中心,并添加群内活跃的人为好友,看看他们喜欢什么话题。积极参加与群相关的话题和各种活动,如果插不上就给点赞。群里有咨询问题的主动帮忙解决。当你经常在群里说话,曝光率逐渐高起来时,大家就记住你了。

第五步:让群友加你为好友。怎么才能让群友加你为好友呢?这里介绍3种方法。

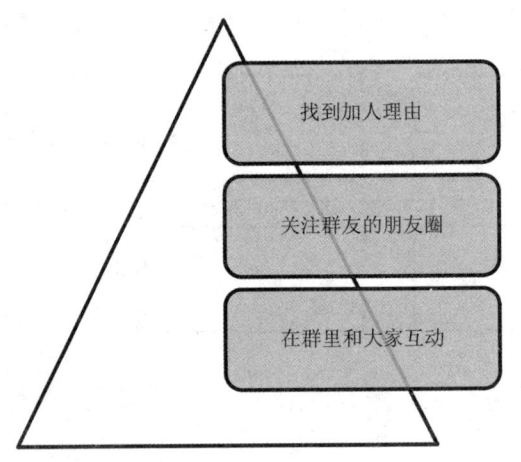

方法1:找到加人理由。在群里添加陌生人,一定要告诉他,你是从哪里知道他的,加人也需要找一个理由。比如说"我是某某群的""我是某某某""我是某某某老师推荐的""我是你的粉丝""我看了你的朋友圈,很好""我想跟你学习"……一定要说你是哪个群的,不能仅仅说自己是群友。通过群添加好友是最有质量也是最容易通过的。

方法2:关注群友的朋友圈。每个人都希望被关注,很少去拒绝关注自己的人。因此，在加别人之前，看一下对方的朋友圈（陌生人可以看到陌生人的朋友圈10条记录），找到话题。比如，看到她朋友圈晒孩子，就说："带孩子很累吧？"她可能马上就通过了你的添加朋友申请。

方法3：**在群里和大家互动**。比如"朋友们，我要去上课了，大家继续聊。"在群里说这一句话，可能有人就会问，是去哪里讲课还是去哪里听课。也可以说："我要走了，晚上回来给大家发红包。""我要走了，今天晚上还有好几件货要发，你们先聊着。"这些话听起来都很高大上，并且非常容易引起大家的互动。当有了互动时，就能非常容易地吸引别人添加你为好友，更容易在以后你添加好友时很快被通过。

知道了微商加入社群的详细步骤，那么，微商"混"群有什么要注意的事项呢？下面看看混群的几个禁忌。

不发低俗广告，比如带网址的、刷屏的、有大量号码的。	不发带有毒咒类的营销信息。	不发表攻击人身的言论。
不要长期潜水不发言，如果你觉得这个群没有任何价值，或者你不想在这个群里发展业务，另当别论。	不发低俗文字和图片。	

微商攻略总结

不要用"你好""HI"等词语，也不要用系统默认的"我是×××"来请求通过，这样的加好友请求通过率会非常低，因为对方没有认识你的兴趣和理由。

微信群营销：微商重要的社群营销阵地

微信群一直是微商主要的社群营销渠道之一，因为微信群人多，可以查看成员一些详细信息，逐个添加相对精准，同时通过与朋友共享一些优质群，然后添加粉丝也是很精准的方法。

1. 如何进群

进微信群有以下两种方法。

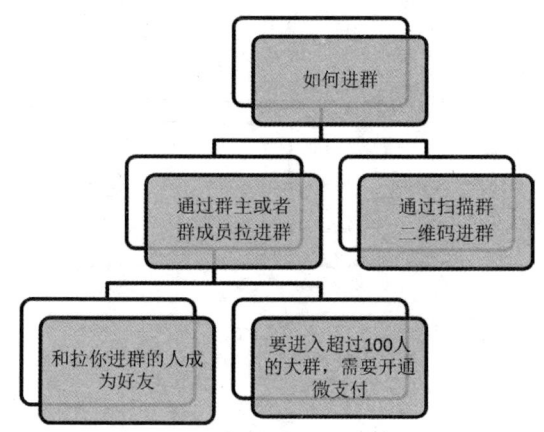

2. 如何找群

朋友圈收集：平时经常关注朋友圈，一旦有公布群二维码的及时进入。

申请进群：和有影响力的人保持良好的沟通，找机会主动要求对方拉你加入他的群。

和好友共享群资源：和没有竞争关系的好友共享群资源。

通过百度、360、搜狗等搜索：在搜索平台上输入"微信群二维码、微信群分类"等关键字搜索，将会找到大量的群资源。

YY语音学习群：在YY等各种教学平台上加入相应的培训课程。

线下活动群：参加一些线下的活动，在活动结束后为了后续的沟通大多会建立群。

3. 如何提高群的活跃度

（1）找到对的人。有人曾研究过，一个温馨的群，往往构成如下：

★ 一两个姿色上等的万人迷；

★ 三四位学霸；

★ 五六名愤青、喷子；

★ 七八个吃货；

★ 若干个爱晒照的潮人；

★ 众多潜水者；

★ 几个有事没事经常对掐的好友；

★ 时不时蹦出几句冷幽默的疑似思想家；

★ 掌握各种小道消息的所谓政客；

★ 几个个性张扬爱发黄段子的奇才；

★ 还有几个热心有余动辄踢人的管理员；

★ 以及一个忍耐力极强的群主。

所以提高微信群的活跃度时，首先要对群内的成员有一个了解，通过平时的观察，按照以上的分类把群成员对号入座，找出那些能够提高群活跃度的成员，然后通过私聊和在群里激励的方式引导这些活跃分子提高微信群的活跃度。

（2）经常发起共同的话题。鼓励群成员发起一些有共同兴趣点的话题，例如在美食群发起讨论最近哪里有新开的店、哪家餐厅最近有活动等，这样可以吸引更多志同道合的群成员参与。

（3）娱乐。可以发布一些幽默有趣的段子或发起一个近期热点的八卦话题来提高群内成员的活跃度。

（4）重复上面的动作。每个群都可以达到200~500个粉丝，QQ群的好友可以达到2000人，你只要到5~10个群里去分享，就很容易在很短的时间里获得5000个粉丝，并且是精准的粉丝。

4. 如何利用微信群互推

提高了微信群的活跃度，接下来便是利用微信群互推。互推的方法如下图所示。

讲故事
• 找人推荐的时候，我们要懂得包装自己，知道如何讲述自己的故事，才能打动别人，吸引人家的眼球。不管是励志的还是感人的，总之一定要真实，一定要能获得他人眼球。

说数据
• 用数据呈现，让人一目了然，很有说服力。比如做微商半年，几千个代理，月流水几百万元，这让很多做微商的看了，一定会有加你的冲动。

道价值
• 你能提供什么给别人，给别人带来什么价值，别人从你这里可以获得什么，就这么简单。这也就是我们所说的磁场、吸引力法则，你通过什么吸引别人关注你。

第6章 精准推广——社群营销

QQ群营销：最简单高效的社群营销方法

QQ群是腾讯公司推出的多个人进行聊天交流的一个公共交流平台，群主在开始创建群以后，可以邀请朋友或者有共同兴趣爱好的人到一个共同的群里面进行聊天。

当然，除了群内部聊天外，腾讯还提供群空间服务，在群空间中，用户可以使用群bbs、相册、共享文件、群视频等方式进行交流。

QQ群是最简单高效的社群营销平台，QQ群营销拥有4大优势。

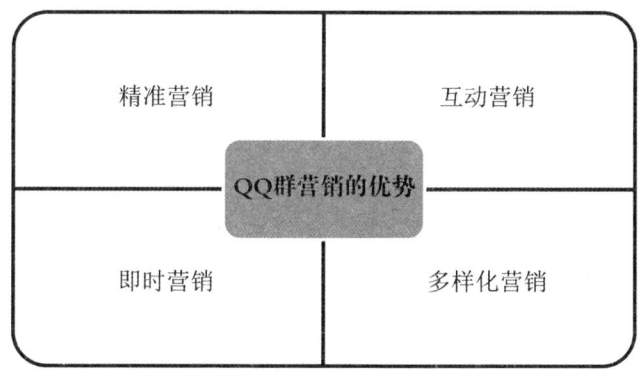

1. 精准营销

QQ群是典型的按用户习性特点自然分群的，因此QQ群营销可以很准确地实现精确定位。推广化妆品可以去时尚白领类的群，推广艺术品可以去文艺交流群。

2. 即时营销

QQ群始终有一批用户时时在线，微商的营销广告经常以聊天信息的形式发布出来后，群里的用户随时可以看到，可以即时将营销信息让用户了解。这种效果，可以与门户广告相媲美，搜索引擎营销、论坛营销都无法达到这个效果。这也是QQ群营销的优势关键点所在，因此微商们应该利用好这一点。

3. 互动营销

QQ群营销的互动非常强，信息在群内发布后，可以立刻让群里用户与用户之间产生高效率的互动，可以让广告发布者非常快速地收集用户对产品的建议，或者一步步引导用户了解产品。

4. 多样化营销

QQ群营销可与链接结合，利用网页进行二次营销甚至三次营销，另外QQ群营销还包括群内的邮件营销、论坛营销。QQ群营销的传递方式既可以是文字，也可以是图片。

关于QQ群的营销技巧，这里不再一一赘述，因为这方面的内容在网上可以找到很多，感兴趣的读者可以通过网络搜索阅读相关内容。

第6章 精准推广——社群营销

微商实战案例解析6：赫斯佩儿的"微商+社群"的全新玩法

"赫斯佩儿"面膜主攻"睡眠前"滋养，主打"不刺激、不过敏、安全"的特点。赫斯佩儿经过了一年时间的沉淀和积累，逐渐在女性用户中树立了良好的口碑，被称为"'睡眠前'面膜第一品牌"。

赫斯佩儿之所以能够迅速地占领微商市场，要归功于"微商+社群"的全新玩法。

移动互联网时代衍生出了新的社群经济，从2015年开始"社群"二字一直是互联网的焦点。赫斯佩儿的创始人认为社群是把相同兴趣爱好、相同价值观的人聚集在一起，可以结合社群做微商，于是他们开始着手建立一个500人社群团队为面膜做传播，吸引眼球。

首先，赫斯佩儿召开总代大会，开始建立美女社群。因为从古至今美女一直是人们所关注的焦点，能够迅速吸引用户眼球，抓住用户心理。当然建立500人美女社群并不是一件简单的事情，前期的美女用户如何找、找进来了如何做维护等都不是容易的事情。对此经过深思熟虑后，赫斯佩儿决定从两方面入手。

代理商拉身边的美女朋友进入社群

线下实体开展活动吸引美女加入社群

经过两个月的社群组建，加上代理们的参与和配合，500人美女社群基本组建完成。组建之后马上开始用户体验，500人社群一起参与体验"赫斯佩儿"面膜。用户参与体验能够快速与品牌之间建立信任关系，这也是发展强关系的有效途径，能够增加与粉丝之间的情感互动。

另外，结合线下活动，赫斯佩儿总部线下定期举办沙龙活动，邀请女性嘉宾学习护肤知识、保养策略等。在学习的同时赫斯佩儿会推出免费体验产品，让所有参加沙龙的女性都参与产品的体验。

在所有用户参与产品体验之后，工作人员会要求用户将产品体验的感受和建议分享到朋友圈，并且加上二维码，这样形成一个口碑宣传，提升了产品的知名度，又引来了流量和粉丝。粉丝用户中80、90后居多，使用微信的频率也高，身边也有很多女性朋友，良好的用户体验不但带来了高比例的二次购买，更通过她们的分享和推广，赫斯佩儿引爆了朋友圈，成为热门话题。

在用户体验完成后，赫斯佩儿开始在美女社群定期邀请一些资深美容专家给美女会员们分享专业美容知识，使用户的黏性进一步加深。分享主要针对用户的痛点，给出一套完整的解决方案。

最后，专家推荐为赫斯佩儿形成信任背书，使得大多数用户都会参与产品的购买体验。同时赫斯佩儿承诺：用户体验不满意，可以将没拆封的产品退款退货处理，这样使得用户获得了零风险保障。这是寻找目标用户、检验市场的重要一步。赫斯佩儿陆续将所有购买过两盒以上产品的客户都拉进美女社群，形成联动效果，快速建立了66个分享群，每个社群100人。

有了美容专家的权威助阵，短短3个月，团队便找到3000名愿意为美丽"买单"的消费者，赫斯佩儿面膜也成功销售出30000片。赫斯佩儿面膜在朋友圈和社群引爆之后，联合全国100多家权威媒体将整件事情进行宣传，再利用社群美女朋友圈的传播形成连锁反应，从而赫斯佩儿在微商界树立了良好的口碑和公信力，拥有了几千忠实铁杆用户。

社群是品牌的生产地，美女社群更是面膜的引爆点。赫斯佩儿利用全新"微商+社群"玩法成功地打造了一个美女经济社群，将赫斯佩儿成功引爆朋友圈。

第7章 微信朋友圈营销——熟人经济

如今，在朋友圈做微商的人多如牛毛，为什么有的人能够日进斗金，有的人却是零成交？本章内容就是介绍如何更快速地从事微商，教会大家快速掌握微商朋友圈营销的要领。

朋友圈营销所需的硬件设备

微信朋友圈营销玩的是个人微信号,从2013年12月微信5.1版本上线,腾讯公司规定微信号只能通过手机号注册。

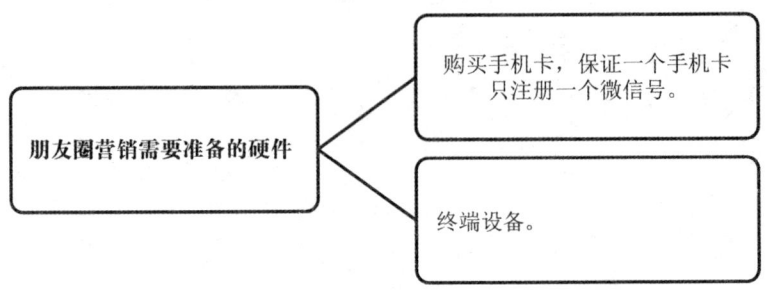

第一个需要准备的硬件是:购买手机卡,保证一个手机卡只注册一个微信号。

每一个手机号只能注册一个微信号,所以如果你的手机号之前曾经注册过微信,则最好去新开通一个手机号。一般使用微信的手机号很少用来打电话,所以你可以选择移动、联通或者电信的流量包月卡的手机号。为了今后让客户方便记忆,手机号可以适当考虑用个"靓号",以便添加微信好友。

购买手机卡申请微信号还有一个至关重要的作用,那就是万一因为一些误操作,微信账号被微信官方封号,可以且只能通过绑定的手机卡号才能提出解封申请,避免因微信号被封导致客户资料的丢失。

第 7 章 微信朋友圈营销——熟人经济

用手机卡开通微信后，首先要进行账号设置，特别是开启"账号保护"功能，这样可以防止微信号被盗。当有人在其他不常用的设备上登录微信时，手机号会收到一条确认短信才能登录。

第二个需要准备的硬件是：终端设备。

普通人都是在手机上使用微信，而微商专门用于微信朋友圈营销的个人号，建议终端设备使用iPad这样的平板电脑设备。这是因为个人的微信好友一般只有50~500人，几乎任何一种智能手机的硬件性能都能保证微信正常运行。而iPad这样的平板电脑设备，从硬件底层构架上来说就是一台电脑，这种电脑级设备的硬件性能要远远好于普通智能手机，可以满足微商拥有大量好友和社群的使用需要，所以用来做微信朋友圈营销的设备应该使用电脑级的产品。

微商攻略总结

企业千万不要指望让员工用自己的手机来做朋友圈营销。手机是员工的私人财产，而微信客户却是企业宝贵的客户资产，一旦员工离职，很容易造成客户流失的后果。所以企业老板需要用企业资金投入购买平板电脑设备作为固定资产，交给员工使用，老板只需要掌握登录密码和密保，就不用再担心客户资源的流失。

这就是我们为什么一定要在第一步强调硬件重要性的原因，因为做微信朋友圈营销，客户资源是最宝贵的无形资产，通过硬件设备和无形资产的绑定，既可以防止固定资产流失，又可以防止无形资产流失。

朋友圈营销最基本的5个技能装备

我们知道完善的资料信息和一个清晰的产品诉求,是任何一种营销方式必备的基础,做朋友圈营销,至少让添加的朋友看到你的头像、名称和签名等。因为这能清楚反映你是做什么的,然后他们会看你朋友圈发送的内容对他们有没有帮助。微信名、微信号、微信头像、个性签名、朋友圈封面,这是微商最基本的5个技能装备。

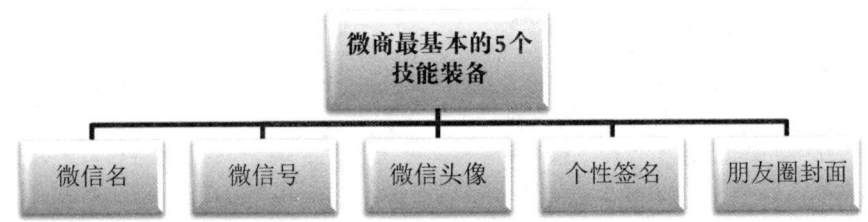

1. 微商微信号取名技巧

一个好的名字不仅方便传播,还可以让你的知名度提升几倍。要在朋友圈中进行营销,首先要做的就是选择好的微信名字以及头像,让别人看到你的名字和图像的时候就知道你是销售什么产品的。那么对于微商来说,取名究竟有哪些技巧呢?

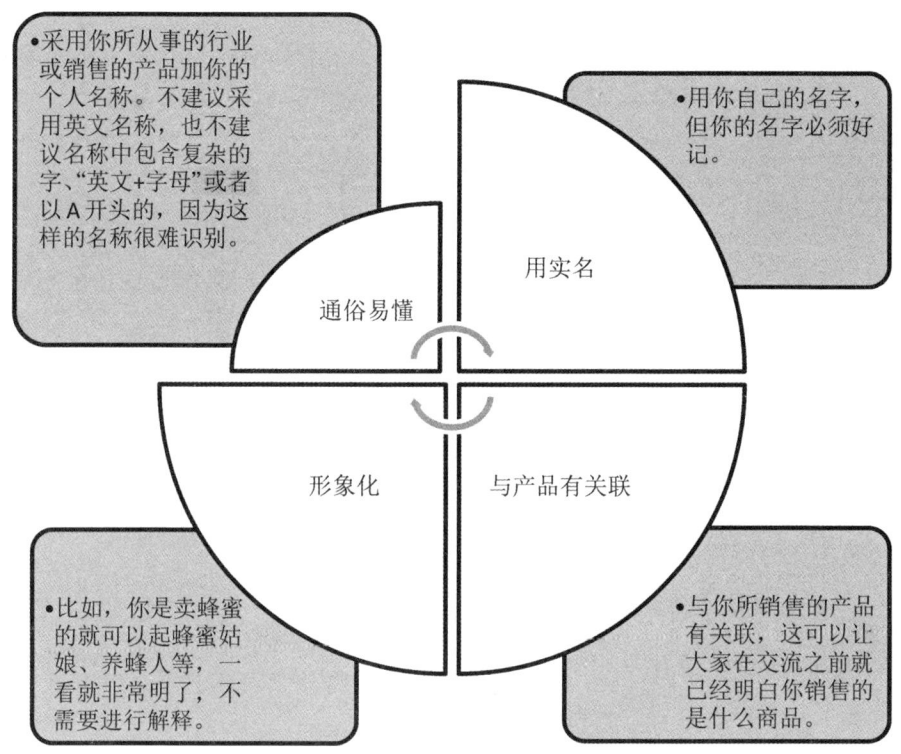

2. 微商微信头像设置技巧

一张好看的头像图片,就像是店铺门牌一样。这里建议微商微信头像放你本人照片,最好是带着笑脸的那种。这样有两个好处:

一是朋友一看就知道是你;

二是给人亲切、真实的感觉,这样更利于打造个人品牌,打造自媒体。

那么微信头像设置又有什么技巧呢?

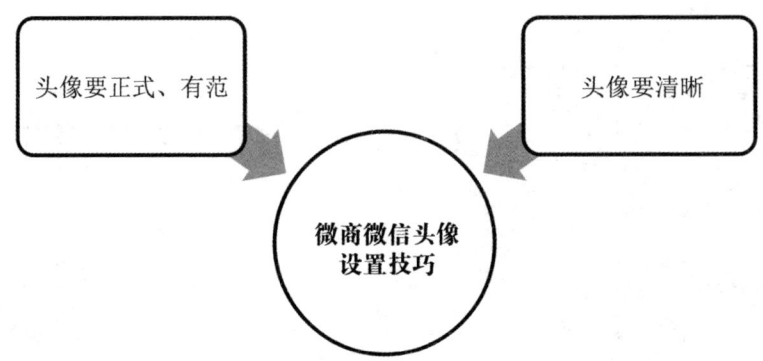

头像要正式、有范。微商可以用其他正式、有范一点的头像,但切记不要放风景、卡通人物、非主流、吓人的图片做头像。有微商可能会问:用产品照片做头像可以吗?我用二维码做头像可以吗?我用公司名称的图片做头像可以吗?建议最好不要用。

朋友圈是个私密的、加深关系的圈子,你用产品、二维码、公司LOGO无形中就拉开了和朋友间的距离,而且现在会扫自己手机上二维码的人不多,这些基本上都是无用功。

切记一点:不要放一些跟你身份风马牛不相及的头像,尤其是和你的产品或者和你的本人没有太大关联的照片。

头像要清晰。头像照片要简单、大方、端庄,一定要清晰,不要放不清晰的。微商的头像一定要给人一种很舒服的感觉,不要用特别俗气的图片,因为这样不但给别人第一印象就不好,后面的工作也不好开展。

上边说了可以用本人正式照,其实也可以用自己的自拍照,因为这样不但别人无法重复,也可给人很新颖的感觉,而且会让人觉得真实。若是觉得自己的照片实在拿不出手,也可以去网络上找,但照片一定要给人舒服的感觉。

总之,头像的选择一定要结合行业,因地制宜。另外头像选择好了就

第7章 微信朋友圈营销——熟人经济

不要轻易改变，改来改去就会让人不容易记住你。

3. 微商微信号设置技巧

可以把微信号理解成为一个门牌号，别人通过你的微信号可以迅速找到你。在这里跟大家强调的是要慎重设置微信号，因为微信号只能更改一次，所以在注册微信号的时候，你必须考虑清楚。

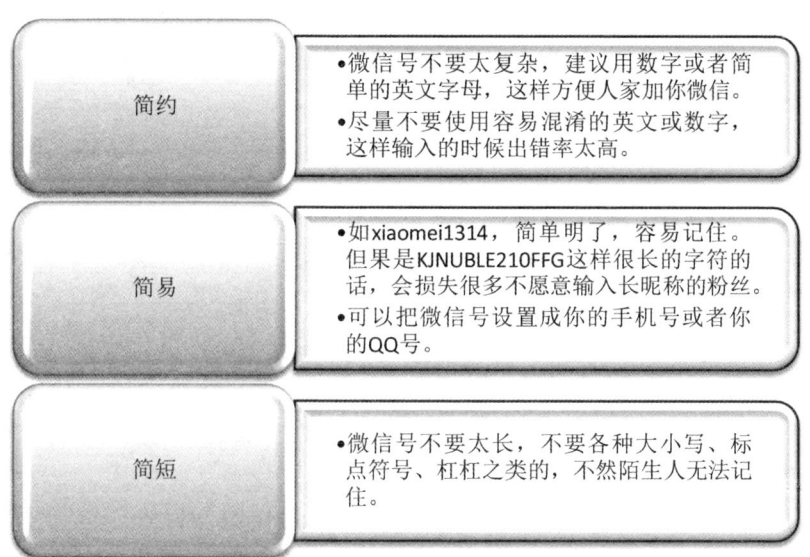

- 简约
  - 微信号不要太复杂，建议用数字或者简单的英文字母，这样方便人家加你微信。
  - 尽量不要使用容易混淆的英文或数字，这样输入的时候出错率太高。

- 简易
  - 如xiaomei1314，简单明了，容易记住。但果是KJNUBLE210FFG这样很长的字符的话，会损失很多不愿意输入长昵称的粉丝。
  - 可以把微信号设置成你的手机号或者你的QQ号。

- 简短
  - 微信号不要太长，不要各种大小写、标点符号、杠杠之类的，不然陌生人无法记住。

4. 微商微信个性签名设置技巧

所谓签名就是让好友可以简单明了地在第一时间了解你是做什么的，业务范畴是什么。所以写一个好的微信个人签名可以让看到的人心情愉悦，同时加深对你的个人印象。

通常个性签名原则就是"你是谁+你做什么"。通常签名不仅要告诉人家你是干什么的，还要让人家知道关注了你有什么好处。比如"我卖面膜不刷屏，每天都有试用装，看看你有没有份"。

下面是微商个性签名设置技巧。

有个性	• 写些个性或者实在点的语句，一定要足够吸引人。 • 不要写那些幽默搞笑或是心灵鸡汤类的玩意，对营销起不到任何作用。
将销售的产品融入到个性签名中	• 用短短几十个字概括产品信息及其优点，这样也能起到宣传的作用。 • 自由发挥，个性的、情感的、搞怪的都可以，最好不要带有负能量，让别人看完不舒服。
精准	• 签名要精准，可以写上某某产品一级代理，学会吆喝自己的品牌，签名一定要让人看着舒服。

5. 微商朋友圈封面设置技巧

朋友圈封面一定要设计好，要够大气，比如做的产品、打款方式都可以设计上去。朋友圈展示位置的头图背景可以当成你的广告位，一定要漂亮、吸引人。

以上这些都是对微信的包装，这些基本动作做好就可以进行进阶操作了。

朋友圈发布信息4大要素

在朋友圈营销过程中,微商最主要的一种营销方式就是定期向用户推送信息。当用户微信加了微商好友之后,每天或每周都会在朋友圈收到微商的优惠促销、产品上新、软件更新等消息,让用户能够更好更快地了解店铺动态。

然而,万事有利也有弊,你定期向用户发布消息固然是营销需要,但是如果推送时机不当,却容易引起用户的排斥、反感。

所以微商在朋友圈发布消息的时候,一定要把握好消息推送的时间和火候。下面看一个成功的案例,学学在朋友圈发布信息的技巧。

左图右景传媒公司创建了微信公众平台来推广自己的营销信息,他们在选择消息推送时间上就很有"人情味"。

左图右景传媒公司微信朋友圈选择在上午九点到十点左右发送消息。

在左图右景传媒公司来看,这个时点是人们开始上班的时间。而大多数上班族早上在办公室的第一件事情就是打开手机,看一会新闻或者其他的消息。所以,选择在这个时候推送信息是最合适不过的了。

无论是企业客户端还是微信公众号,都应该要把握发布消息推送时间,千万不能在人们的休息或其他不方便的时间推送消息。那么到底如何在朋友圈发布信息呢?下面是朋友圈信息发布的4大要素。

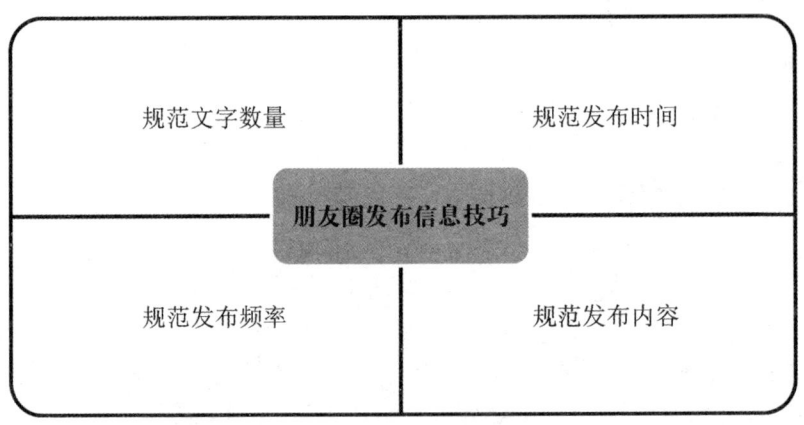

1. 规范文字数量

微信朋友圈会显示6行，每行19字，最多包含114字，但排版时会随着发布内容的符号、标点产生一些空隙。建议文字在100字以内，这样可以保证发布的内容在一屏之内显示出来。

发布信息的习惯是将最重要的信息放在最后，比如联系人、联系电话、付款方式等，当超出100字后，朋友圈信息会出现"全文"字样，后面重要的信息就会被折叠起来。

在营销领域有这样一句话：多让用户点击一次，就会失去50%的用户。另外，在信息中添加一些"表情"符号，会起到"画龙点睛"的作用，会让我们的文字承载上我们当时的情感表达。

2. 规范发布时间

第一个发布时间：针对已经是微商的人群

微商的生活规律是晚睡晚起，所以针对已经是微商的人群最佳的推送时间是：

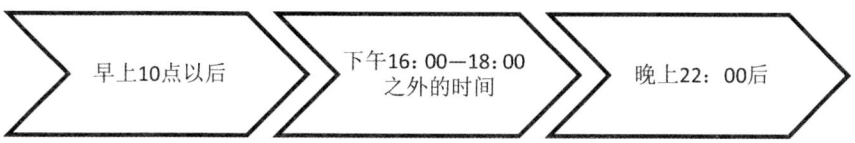

第二个发布时间：针对希望加入微商的人群

对于希望加入微商创业的人来说，他们都希望能轻松挣钱，所以要展现给他们一种怡然自得的生活方式，要让他们看到你每天都可以睡到自然醒的惬意，所以对这类人群的最佳推送时间是：早上的10:00之后。

第三个发布时间：针对全职辣妈

微商群体里很大一部分是全职辣妈，她们有满足精神空虚的需求，所以针对她们的最佳时间是：

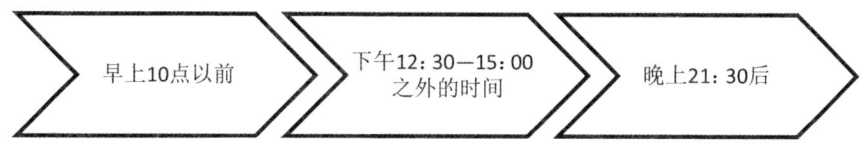

3. 规范发布频率

因为面对的是直接客户，要先满足客户的体验需求。如果推送频次太高，广告意图太明显，哪怕客户不屏蔽，也会很反感，这样对于建立关系没有任何好处。所以建议的推送频次是：

4. 规范发布内容

因为针对的是直接客户，内容应该围绕有趣、有用、有料来展开，在内容组合上可以多元化一些。

★ 在早上可以发一些新闻、知识类的内容，周末可以发一些娱乐八卦、笑话类。

★ 结合自己的一些生活内容，全面展示自己的个人魅力。

★ 介绍和产品相关的资讯、知识、技巧等。

★ 结合当下的情况，发一些对客户有价值的信息，把产品植入进去。

★ 客户见证——买家秀等。

★ 展现服务客户的过程，服务是最好的销售。

★ 适当地晒晒单。

微商攻略总结

微商选择好了一天之中最佳的发布时间之后，就要更加侧重消息内容的精练。微商需要提前几天将推送内容策划好，这样你的消息不但推送时间合适，而且其内容也十分有质量，才能真正赢得用户喜爱。

第 7 章 微信朋友圈营销——熟人经济

朋友圈如何发布图文并茂的广告

微商在朋友圈的产品介绍要图文并茂。只有这样,才能让微商的营销平台变得靓丽多彩,也才能让用户加深印象。

比如,宜家家居在世界各地的营销都不错,它以实惠的价格和时尚的风格获得了大量年轻人的喜爱。在移动营销大趋势下,宜家家居也打造了朋友圈营销,人们在手机上就能感受到在实体店的氛围。

为了给用户呈现出一种真实感,宜家家居所有的产品介绍都是图片和文字相结合。如果用户看好某个家具,点击查看详情,就可以看到这个家具的大图和详细细节,还能在下方看到该家具的文字介绍。

1. 微商朋友圈发图的3大法则

宜家家居在朋友圈营销的做法,其实就恰恰证明了网络上很流行的一句话:"有图才有真相。"如果只有对产品的文字介绍,没有漂亮直观的图片,用户怎么能够相信你的产品呢?下面是微商发图的3大法则。

- 早上8点到9点30分,下午6点到7点30分,晚上10点到12点可以多刷两条,因为这些时间点看手机的人比较多。

  刷图时间

- 建议是3~6条最好,太多会让人反感,尤其现在谁的朋友圈都有几个微商,一定要保持自己专业正品旗舰店的形象。

  刷图不要太频繁

- 可以不是实拍图,但一定要是清晰的。这也牵涉到顾客对你的第一印象。

  产品图必须清晰

需要注意的是：盲目地刷屏是不可取的。有的人隔好几天才刷一次，一上来就是一顿狂刷，这样的做法是不被看好的，也注定走不远。你要知道刚开始可能连问的人都没有，这是很正常的，不要怀疑是自己的问题。你可以多发一些自己的使用图，和一些使用后的感觉，比如发布几条面膜是否很服帖、味道如何之类的内容。过不了几天就会有人问你，这面膜真的有那么好吗？多少钱？在哪里买的？这个时候你就可以详细向她介绍产品情况。建议多学习产品知识，要锻炼自己独立解决问题的能力，这样才能成长得更好。

2. 朋友圈发图的营销技巧

朋友圈发图应该掌握以下营销技巧。

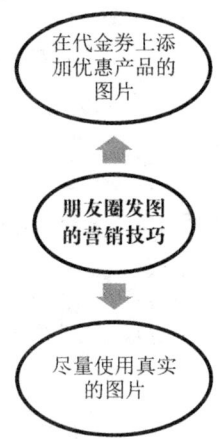

在代金券上添加优惠产品的图片

有很多微商，尤其是餐饮业开展朋友圈营销后，会经常在上面向用户推送优惠券或代金券，用户只需要下载，就可前往实体店消费。但是如何才能让用户真正地去使用它呢？难道仅仅是给用户一个编号？或是一个数字代金券？如果这样做，用户不清楚能够用这个代金券优惠购买什么东西，所以真正去消费的几率也就很小。

如果微商在代金券上添加优惠产品的图片，那么用户就能一目了然，可以有效地提升转化率。比如打开麦当劳这个客户端，我们可以看到每一张优惠券上都有清晰的食品图案，用户可以直观地看到优惠的产品。而且点击之后，还能看到更大的食物图案，如此更加吸引用户前往实体店消费。

尽量使用真实的图片

有些微商为了打造一个漂亮的朋友圈营销页面，有时会使用一些十分虚假、唯美的图片来代替真实产品。这样虽然能够在第一眼就吸引客户，但是一旦客户明白你的图文并不真实，就会产生很强的排斥心理。所以，微商尽量要使用真实的图片。

香哈菜谱是一个广受人们喜爱的食谱手机客户端。之所以这个客户端能够达到数百万的下载次数，就是因为香哈菜谱页面中不但有详细的文字介绍，还有逼真的图片，深深吸引和鼓励着人们去动手学做菜。

除了学习使用以上技巧，微商还需要扩散自己的思维，根据自己产品的不同去编写一些文字，发一些图片。一定要善于攻心，抓住客户的心理，这样才能有所突破。

微商攻略总结

为了能够让产品更加吸引人，微商可以借助一些模特和专业摄影师来拍照，然后请一些撰稿人来编写有趣味的文字搭配，这样更能够加深用户印象。

朋友圈互动的两个技巧：点赞和评论

朋友圈互动主要有两大技巧，它们分别是：

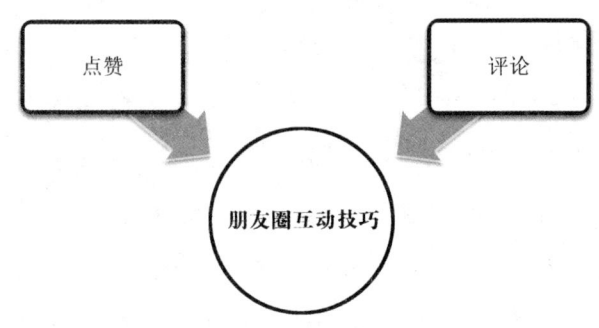

1. 评论

评论在不同的场合扮演着不同的角色，在产品广告发布的时候，说明文字较多，自己可以在评论里面加上相关的注释说明。在好友的状态下评论可以对好友的内容做互动。有时候还可以在评论里面做活动，不过评论在好友之间可以看到，属于封闭式的，因此效果会大打折扣。

有时候微商发的产品信息可能评论的人并不多，这时候你就要自吹自擂学会评论自己以制造你的朋友圈确实很热闹的效果。比如说没人评论的时候你评价下自己说：你可以减5~10斤；你现在多重呀，以前吃过减肥药吗？你都减掉了5斤啦，不错啦，继续努力……自己看上去是不是很无厘头，其实只要让别人感觉你是在回复某个好友的评论就可以了。别人没法看到不是好友的评论,所以你可以自圆其说。

这里要注意的是在自己的动态里评论只要不点某个人的评论,你的好友就都可以看到,如果点了某个人评论就只有这个人和共同好友可以看到了。

在好友的动态下评论是直接和不太熟悉的粉丝拉近关系的重要方法,如果你突然发个私信给粉丝说你发的动态怎么样,他会感到有点诧异,但是你在动态下评论就可以很融洽地聊起来,围绕着某个共同兴趣聊天是最好的拉近彼此关系的方法。

评论要合乎场景,真正关注过内容之后进行有的放矢地评论,否则不但达不到预期的效果,还会令人反感。

2. 点赞

点赞表示对朋友圈某些观点的认可或者赞美,人都有虚荣心,只要你对他有好感,他就会有意无意地关注你。你点赞一次,他可能就看一下你是不是他认识的好友,你隔三差五地点赞,他一定会去查看你的朋友圈和相关介绍等,这样你们彼此的距离就拉近了。

但是针对那些负能量的东西可不要点赞,因为本来人家就不高兴,你还点赞,这不是幸灾乐祸吗?所以你一定要认真阅读朋友圈里的每一条动态,适当地进行点赞。

同时,也不要对某个人的动态每条都点赞,这样会让他感觉你是点赞党。会让他感觉你没有真的看他发的内容,只是为了点赞而点赞,这样就降低了点赞的效果。

当然,微商有时候也会利用点赞来做些小活动和自己的粉丝互动,这样的活动一般都是第多少个点赞者可以拿到什么礼物或者优惠券之类的东西,具体应该根据自己的产品情况来决定是否需要开展这类活动。

综上所述，朋友圈点赞主要有两大好处：

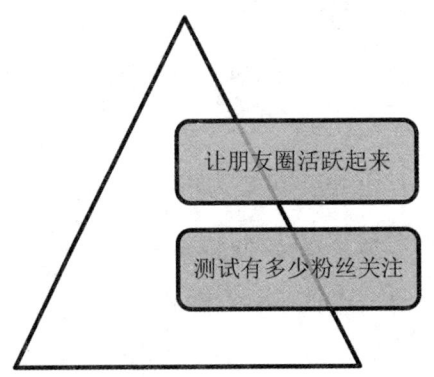

需要提醒的是千万不要参与更不要组织虚假的活动，一旦被发现并举报，不但失去了朋友的信任和口碑，更可能因此导致封号，那就得不偿失了。

人都是从不认识到认识，再从认识到相互了解，然后才会有彼此的信任和友谊，而朋友圈互动是拉近你与粉丝之间距离的有效方法。

如何在朋友圈发起活动

在朋友圈除了发起互动之外，还可以发起一些活动。发起活动的时候活动内容描述不超过100个字，图片不超过9张。太复杂的活动规则就违背了微信朋友圈"提供简单的娱乐"的原则，容易引起微信好友的反感，看一眼就忽略掉。

发起小活动的目的也是为了增加微商跟微友之间的关系黏性。与单条朋友圈信息的互动相比，活动更容易引起微友的参与和转发，因此也就更容易打通微友的朋友圈，让微友主动转发来影响他自己的微信好友。

那么，如何在朋友圈发起活动呢？

1. 在朋友圈搞各式各样的选拔赛

除了可以推出女神选拔赛、男神选拔赛、吃货选拔赛、宠物选拔赛、美腿选拔赛、美手选拔赛以外，还可以根据各种节日进行互动，比如在六一儿童节搞"萌宝宝"选拔赛，在父亲节搞"最nice老爸"选拔赛，在母亲节搞"最in老妈"选拔赛，在中秋节搞"最团圆家庭"选拔赛，在春节搞"最丰盛年夜饭"选拔赛等。

每组织一个活动，都需要有相应的奖品作为"互动激励"，如果你的朋友圈好友人数多、质量高、影响力大，甚至根本无须自己花钱采购礼品，就会有大量商家找上门来跟你合作，免费提供奖品。这就是朋友圈的自媒体属性。

2. 搞一些一元限时秒杀、限时抢购、拍卖等

在搞商品活动时，尽可能只限定在朋友圈范围内完成，不要再用微信公众号转发，这是开展朋友圈活动时人们常犯的错误。在朋友圈转发公众号其实是一次跳转，如果打开速度慢还会影响参与体验，打开之后客户的注意力也很容易转到别的地方去，客户再回到朋友圈里又会产生新的刷屏，微商精心准备的活动信息内容就会被淹没掉，得不偿失。

做微信朋友圈营销也不是完全排斥转发，只要有好玩的应用，都能够拿来作为丰富朋友圈的内容。

综上所述，开展朋友圈的活动需要遵循以下3个原则：

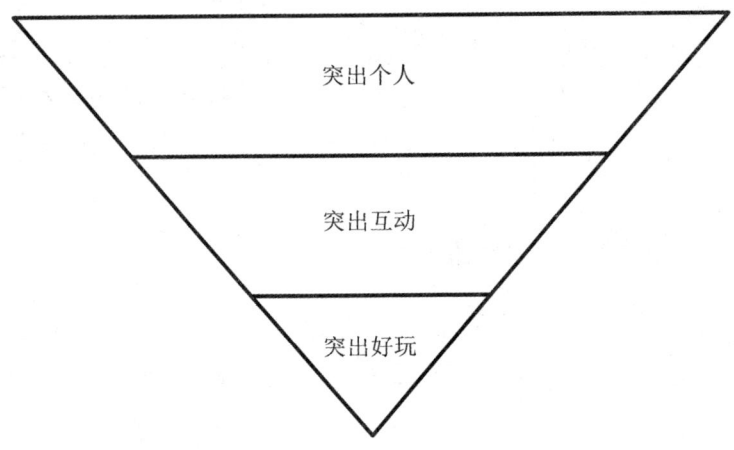

朋友圈如何快速吸粉

微信时代，微商最为关心的应该是：朋友圈如何快速加粉？在解决这个问题之前，微商首先要清楚朋友圈加粉的特点。

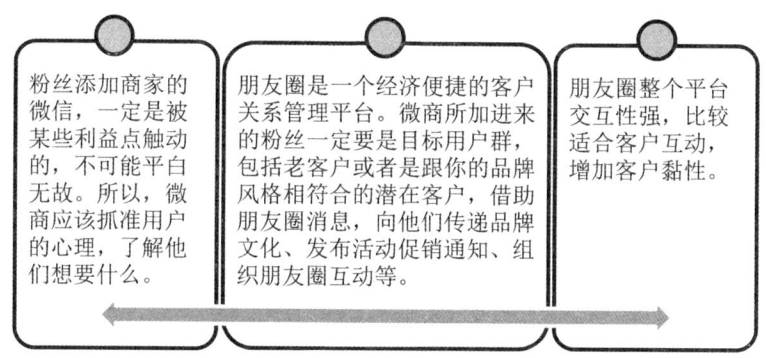

知道了朋友圈加粉的特点后，接下来，为大家总结了6大快速"吸粉"的技巧。

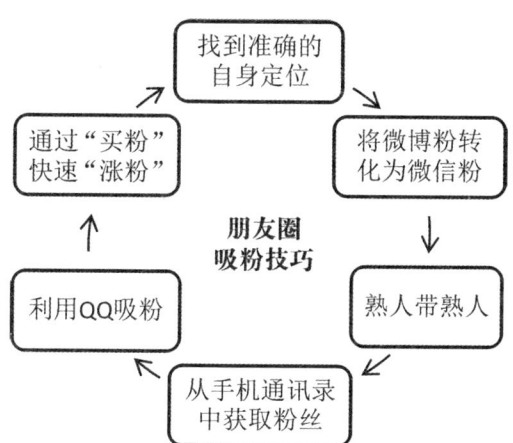

1. 找到准确的自身定位

不同的店铺、不同的产品有着不一样的经营方法，朋友圈营销是借助微信这个移动互联网的战略级平台展开，但是它并不适用于所有的微商和产品。

每个微商都应该考虑清楚，所在行业适不适合做朋友圈营销？有没有人做朋友圈营销？自己准备怎么做朋友圈营销？想要达到什么效果？目标用户是否使用微信？总而言之，必须找准自己的定位，才能成功地开展朋友圈营销。

那么，微商应该如何找到准确的自身定位呢？

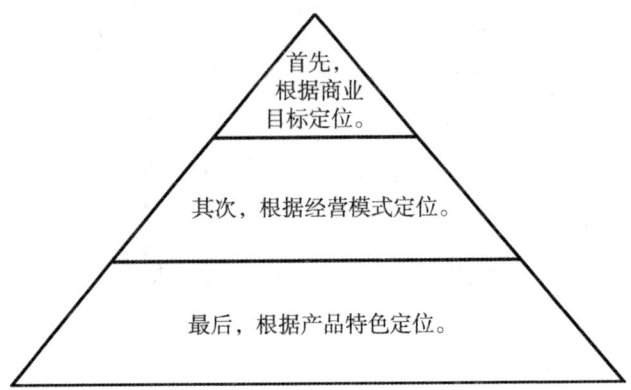

首先，根据商业目标定位。 每个微商都有自己的特点和要求，不尽相同，因此它们的营销目标也不可能相同，那么朋友圈营销在定位的时候，就不能人云亦云。

其次，根据经营模式定位。 除了商业目标，不同的经营模式也决定了店铺不同的定位。例如，对于餐厅、酒店等服务行业来说，朋友圈可以作为一个服务用户的工具，用户主动地体验服务，方便快捷。这样，微商就把自己定位在服务，营销反而在其次，这实际上是以退为进，用户在体验周到的服务之后，自然也就成为店铺的忠实粉丝。相比之下，那些靠信息群发来主动营销的方式不受欢迎也不会长久。

第7章 微信朋友圈营销——熟人经济

最后，根据产品特色定位。当然，微商要对朋友圈进行精准定位，并不拘泥于某个固定的套路。服务式营销固然人性化，更受用户青睐，但它也并不是适用于所有的微商。对于广大投身朋友圈营销的微商而言，最好的方法就是深入了解自己的产业特色、产品特色，有针对性地进行定位。

微商进行朋友圈营销的目的就是为获得潜在商业利益，拥有有价值的粉丝才能达到这一目的。作为微商，能准确找到自身定位，发布一些能够吸引目标顾客的关注的产品信息，发布有奖转发活动等，不仅能有效达到营销目的，也可以增加访问量和关注度，这一点值得所有的微商学习借鉴。

2. 将微博粉转化为微信粉

将微博头像设为微信二维码，同时在微博上发布与微信朋友圈有关的信息。如果拥有广泛的微博资源，微商还可以与其他微博大号进行资源互换，进一步扩大自身的宣传范围。不过，这种方式不适合在微博上频繁使用，否则会让微博出现"掉粉"现象。建议微商可以选择一种较为温和的方式来推广微信账号，就是将微信二维码放在微博配图的最下方，这样就可以让微信推广信息与微博用户"天天见"，实现"吸粉"的目的，而又不至于让微博被大篇幅的推广信息抢占。

微博的转发量和阅读量是非常惊人的，通过这一平台来推广微信朋友圈信息往往可以取得立竿见影的宣传效果，在很短的时间内发展一大批粉丝。

3. 熟人带熟人

如果你有一定的资源，还可以开通一定数量的微信小号，然后添加亲朋好友、公司员工等身边的人，借助众人的力量，通过群发名片、信息等方式来宣传微信公众账号，逐步扩大自己的影响力。这种"熟人带熟人"

的方式会产生"滚雪球"的效应,有助于微信朋友圈迅速"吸粉"。

4. 从手机通讯录中获取粉丝

对于那些拥有一定客户群的微商来说,从手机通讯录中获取粉丝是一种十分便捷的方法。将手机通讯录中的客户手机号码导入微信,如果对方开通了微信,他就有可能成为你的微信粉丝。

5. 利用QQ吸粉

QQ是一个资源非常丰富的"吸粉"平台。微商可以将QQ头像设为微信二维码,在QQ群中发布微信公众账号的相关信息,将QQ好友转化为第一批微信粉丝,通过好友来推广自己的信息。此外,微商还可以在QQ上建立"互粉群",借助QQ空间、QQ邮箱等平台向更多的人发送有价值的资讯,从而发展更多的粉丝。

6. 通过"买粉"快速"涨粉"

随着微信营销的影响力越来越大,"买粉"逐渐成为业内默认的一种"吸粉"方式。尽管这种方式有失公允,但它也不失为一种策略,毕竟在短时间内,它能够实现快速"涨粉"的目的,有效增加微信账号的曝光率。当然,这种方式需要微商要有一定的经济基础。

此外,如果有条件的话,微商还可以借助传统媒介来"吸粉",例如报纸、杂志、广播、电视等。

微商攻略总结

需要强调的是,快速"吸粉"的目的是为了在短时间内增加微信账号的曝光率,从而实现有效的朋友圈营销目的,但这种方式并不能保证微信公众账号越做越大。

朋友圈最有价值的广告：晒好评

好评，就是客户对我们的好的评价。

我们最熟悉的好评就是淘宝上的打分，看似简单，却又极其复杂。淘宝店主希望每一笔生意都能得到5分好评，所以，商业价值逻辑就变成了"一个好评，统领天下"。

好评决定着商家的命运，几乎所有卖家每天内心的呼唤就是：亲，给个好评吧！

朋友圈营销也一样，微信朋友圈里最有价值的广告就是晒好评。

在微信朋友圈里，直接发产品广告会犯众怒，绝大多数人会选择限制不看他的朋友圈，或者拉黑，甚至干脆删掉这个只顾卖货而不管别人感受的人。

我们的观点是：每一条朋友圈都很宝贵，微商通过发布图文信息展示个人魅力，提问题搞互动，带着大家玩，激发客户情绪，形成客户黏性，所以，朋友圈不是用来发广告的地方。如果一定要发广告，那就把你的客户好评发上来，就是最好的选择。

那么，如何在朋友圈里晒好评呢？

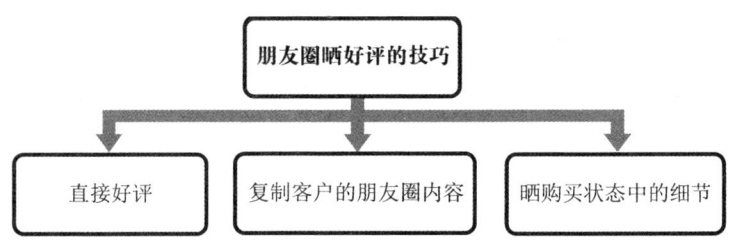

1. 直接好评

下图是卡卡珠宝"老王的媳妇"经常在朋友圈里晒的客户好评,客户直接说出"很喜欢",还给出了喜欢的理由"上手显得手好白",很容易就能影响到其他客户的购买决策。

> 客户:朱朱,这个很喜欢哦。上手显得手好白。

2. 晒购买状态中的细节

除了这种直接的好评,我们也可以晒那些客户购买状态中的所有细节,包括询问、下单、收货、使用等所有内容,都可以截屏展示。

比如下图,"我想变成蝴蝶"就通过晒一个客户一次性购买3盒蝴蝶款母亲节特供黑枸杞的聊天记录,以证明自己的产品畅销、受人欢迎。这样的晒单,尽管没有直接好坏的评价,但客户的购买就是一种天然的好评,而且能真实地展示跟客户的对话内容,显得十分可信。

> 客户:3盒蝴蝶,能在母亲节前送到?
> 客户:2盒送到这,湖北省宜昌市XXXXXX,电话XXXXXXXXXXX。
> 客户:1盒送到这,深圳福田区XXXXXX,电话XXXXXXXXXXX。

3. 复制客户的朋友圈内容

还有一种晒好评的方法就是直接把客户的朋友圈内容复制过来发布。客户的好评会影响到他自己的一批微信好友,这样就有机会让更多的人关注喜爱我们的商品。

微商攻略总结

晒好评不是简单的王婆卖瓜自卖自夸,而是要借别人的嘴夸我们好,再从我们的朋友圈炫耀出去。一旦夸我们的人是具有一定社会影响力的人,那么,一个简单的好评能带给我们的价值就会迅速放大,收到意想不到的效果。所以,我们需要创造机会比如通过打折或者送礼物等方式,经常鼓励客户把好的使用体验写进自己的朋友圈里,为我们带来更多好评。

朋友圈推送广告原则：结合用户需求推送

很多微商在朋友圈营销过程中往往会有这样的感想：我推送的广告也不少，而且也没有在用户排斥的时间内发送，更没有频繁过度地发送，但为什么还是没有收到好的效果呢？

推送广告的时间、方式固然很重要，但如果不是真正懂得消费者的心还是不会取得很好的效果。微商不能只在意推送的表层细节，还应该更加关注内在的广告内容是否满足消费者的需求。

有价值、有目标、有意义的广告，才是真正符合消费者需求和令其满意的广告。而泛滥推广、毫无价值地推送则是微商朋友圈营销成功的一大障碍。

为了避免这种阻碍的出现，微商们必须要结合用户需求来推送让客户真正满意的广告。下面，我们就借助一个成功案例加以说明。

新东方在众多留学机构中非常出彩，而且赢得了万千留学生的喜爱，主要原因之一就是其精准有效的信息推送。为什么很多留学机构的手机微信、客户端的用户访问数量微乎其微，而新东方就能满载而归呢？这其中的原因在于新东方在给用户推送广告和信息时，往往能够结合留学生的真实需求。

比如在2013年3月，又到了留学生出国留学咨询、考试的一个关键阶段。在这个阶段，新东方的出国留学微信号照例给众多留学生用户送上了一个又一个惊喜且有价值的广告信息。

比如，新东方向用户推送了法国低成本的留学信息，这对那些没有太多费用但还想留学的学生们来说真的是雪中送炭；新东方还给用户推送了成绩不理想时，如何申请加拿大留学的信息。这对很多成绩不理想的学生来说，也是十分迫切的一种需求。

新东方就是抓住了用户的真实心理需求，推送了人们热切关注的广告信息，从而成功赢得了广大用户的心。

这也启示很多微商，在朋友圈上向用户推送广告消息时，一定要结合用户需求，这样推送的广告才能真正让客户去点击、浏览，从而提高微商朋友圈营销的成功几率。具体的方式有以下两种。

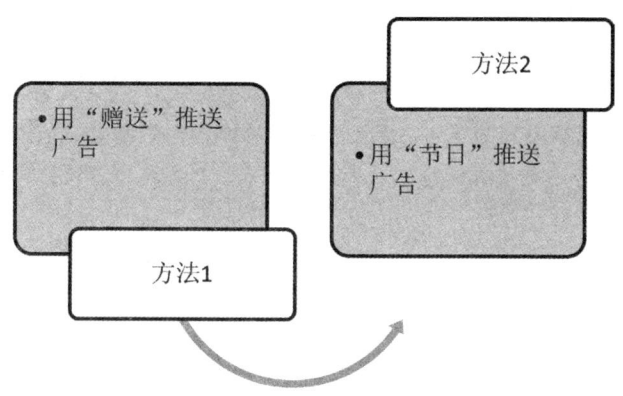

1. 用"赠送"推送广告

微商之所以在朋友圈营销中不能赢得人们的追捧和点击，多数是因为没有舍得在广告中下大力气，没抓住消费者的心理需求。根据调查，消费者在智能手机上无论是购物还是选择服务，最想要得到的就是商家的"赠送"。

白宫影楼是一家婚纱摄影企业，他们经常在朋友圈上向用户推送"点赞并参与活动赢取好礼"的广告。白宫影楼借助二维码，推送了参加活动即可现场拿现金好礼的信息，这就直接吸引了有需求人群的眼球。

2. 用"节日"推送广告

在2013年3月8日妇女节这天，西单大悦城的手机微信朋友圈推出了"仅此一天，千女神同款口红满额送"的广告。在这个广告中，西单大悦城不但结合了妇女节的节日气氛，更结合了当下热播韩剧中女主角的流行配饰来向用户推出满额送口红的广告。

这个广告直接带动了人们主动关注西单大悦城微信号，也为西单大悦城的实体店销售带来了显著效益。

微商攻略总结

微商要想在朋友圈推送满足用户需求的广告，就需要提前做好市场调查。通过调查，才能发现用户的需求和特性。只有这样，才能在推送朋友圈营销广告时有的放矢，让用户主动参与你的活动。

第 7 章 微信朋友圈营销——熟人经济

微商实战案例解析7：90后如何利用朋友圈月入2万元

时下，微信成为很多人聊天、分享的工具，它同时也成为许多有经营头脑的商家的新"战场"。刚毕业两年的"90后"孙敏，作为"粉丝"众多的微信草根，这个绍兴"90后"大男孩仅依靠微信卖玉器，月销售收入就达到了2万元。

在微博营销之后，微信营销成为后起之秀，越来越多的绍兴商家加入"微信"营销阵营。孙敏是"90后"，他的父亲之前是做玉器生意的，几年前由于一场车祸导致半身瘫痪，但一手"好技术"仍然保留着。2010年孙敏毕业后，由于不喜欢朝九晚六的生活，于是在淘宝上开了一家玉器销售网店。

店里销售的玉器都是独一无二的，都是经过父亲后期加工制作而成的。他平常负责进原材料或半成品，父亲则负责后期加工。做了几年的网店生意，但生意并不理想，"每年收益并不高，大概也就赚个七八万元，这是我和父亲两个人的收入了。"对于店铺的经营，孙敏并不满意。

微信的流行，让这个"90后"男孩发现了商机。开始时，他使用微信就是想多认识些朋友，他把到店里买过东西的人，通过各种方式加了对方的微信。最开始只是想联络一下感情，逢年过节发点祝福和问候。直到2013年年初，他才想到，为什么不通过微信直接卖玉器？"刚开始我在朋友圈里发图片，只有一些老客户比较感兴趣，因为经过多次交易，他们已经比较信任我了，知道是纯手工制作的。但新客户会有疑虑。"于是孙敏想了个办法，他把父亲加工制作玉器的场景在微信上现场直播，手机边拍边传，有图有真相！效果非常明显，客户"眼见为实"后，都对产品十分感兴趣，一来二往，都成为了老顾客。

　　现在，孙敏的微信群里有80多个买家名单，基本上都是回头客。加工完成一件新品，他就将图片和简介发布到朋友圈，"因为是纯手工的，独一无二，因此价格相对比较高，多在1000～3000元，但销量还是很好。"他觉得微信营销有一个最大的好处，就是能让顾客"眼见为实"，这是淘宝网店无法做到的。而且微信营销针对性更强，目标更明确，客户更容易维护。

　　下面来分析一下这个"90后"如何利用朋友圈营销月收入2万元。

　　商业的本质就是信任，做朋友圈营销首先要解决客户对店铺的信任问题。

　　孙敏首先通过在朋友圈将父亲加工制作玉器的场景进行现场直播，让客户"眼见为实"，获得了客户的信任。

　　其次，孙敏没有每天把精力用在增加粉丝上，而是靠80位老顾客来实现月收入2万元。在他看来，粉丝的质量比粉丝的数量更重要。做朋友圈营销应先从服务好老顾客开始，老顾客是最大的财富。

　　淘宝虽然也是个很好的平台，但孙敏并没有受益太多，因为像孙敏这样的淘宝小卖家根本没有竞争优势，也发挥不了自己的优势。而在朋友圈里，通过点对点的互动交流，发挥了自己独特的优势。

第8章 内容营销：吸引粉丝的终极策略

内容营销的目标之一是吸引粉丝。一篇高质量的文章一般不会缺少关注，并且会通过不断扩散，增加点击量和转贴量。本章从内容策划、文章写作、营销策略等方面对内容营销的操作方法进行全面的阐述，旨在为大家提供充分的参考与借鉴。

什么是内容营销

对于内容营销，可以这样定义：

内容营销，是指通过特定的概念诉求，以说故事、摆事实、讲道理的方式让潜在消费者进入微商设定的思维圈，通过强有力的针对性心理攻击，迅速实现产品销售的营销模式。

从本质上说，它是一种软性渗透的商业策略，主要借助文字表达和舆论传播促使潜在消费者认同某种概念、观点和思想，从而达到宣传品牌、推广和销售产品的目的。可以说，内容营销是一种生命力极强的广告形式，也是一种很有技巧性的广告形式。

内容营销有一套传播模式——5W模式，该模式经过不断运用和总结，逐步形成了一套成熟的4W1H分析法，也称五W分析法。这种看似简单的分析法，可使内容深度化、科学化。

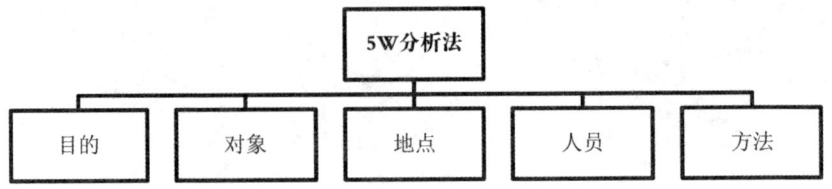

模式一：目的——Why

这是内容营销的核心。内容营销同其他任何一种营销方式的目的一样，都是促进产品销售。只是内容营销打广告的方式比较隐蔽，有时候内容会全文介绍某家企业或机构。

比如,《能吃到鱼翅的巴西烤肉店》,有时候产品的名称在文中会一带而过;《一位老板的坎坷红酒创业路》,有时候企业和产品的名称都不会出现。

模式二:对象——What

你最希望潜在消费者知道哪方面的信息、产品哪方面的特性,潜在消费者最需要的产品或服务是什么,那么你就需要在文中提供什么内容。

比如,脑白金的系列内容,就全面地解释了脑白金技术,为"今年过节不收礼"的脑白金产品火遍全国奠定了舆论基础。这需要你对自己的产品非常熟悉,对目标消费群体的心理、动机等也都要透彻分析。

模式三:地点——Where

这里的地点主要是指发布内容的渠道。现在,内容营销几乎无处不在。可以说,有人的地方就有互联网,有互联网的地方就有内容营销。因此,内容营销的用武之地相当广泛。微信、微博、博客、空间、论坛、游戏、官网、贴吧、企业网站等平台,都可以为内容营销所用。

这主要是看符合哪个或哪些渠道定位,就可以在哪里发文宣传。

模式四:人员——Who

人员有两种指向,如下图所示。

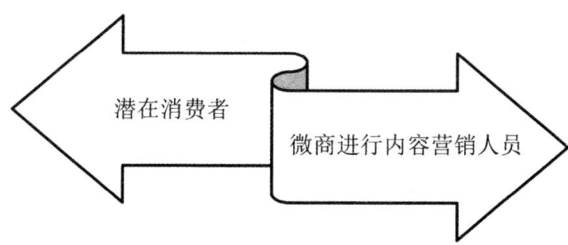

在策划内容营销时，首先，要清楚自己的产品定位在怎样的消费者群体，潜在消费者有什么特征。你的目标是谁，内容营销的对象就要是什么人。比如《打开明星珠宝箱》，从标题上来看，其目标消费群就很明确——对明星及对珠宝首饰感兴趣的女性。

模式五：方法——How

方法就是内容要怎么写，这是内容营销最见功底的地方。要求用最适合的写作手法把产品最独特的地方表述出来，要做到生动新颖，富有可读性，吸引潜在消费者的视线和思维。

微商攻略总结

内容营销所追求的，是一种春风化雨、润物无声的传播效果。内容营销的文字不一定华丽，内容不一定震撼，但往往能够推心置腹、娓娓道来，用拉家常的方式，让消费者们觉得这是在为他们自己的利益着想。

内容写作的4大要点

营销要求内容为王,不管是以前的网络营销,还是现在的微商,这都是一个永恒不变的真理。内容写作必须遵循以下4个原则。

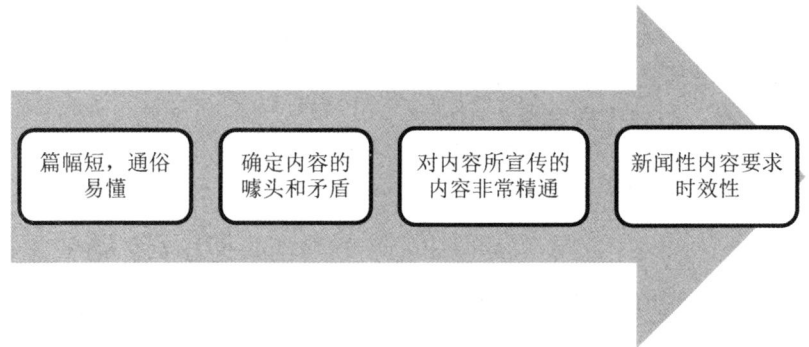

要点一:篇幅短,通俗易懂

微商在进行内容营销时,内容篇幅应较短,字数一般控制在500字以内,这样既吸引读者,也便于转载传播;其次要通俗易懂,即用浅显易懂、言简意赅的文字表达,让读者易于接受。此外,应注意内容精彩,但应避免过于张扬的广告宣传。

要点二:确定内容的噱头和矛盾

任何一篇文章都要有主题,内容短小精悍,更要求精准。微商在写作之初一定要明确内容写作目的和面向的读者群,确定内容的噱头和矛盾以及定位内容的诱惑点。确定以上要素后,着手写作时,还要注意行文,在保持文章精彩度的同时,要保证内容的真实性和准确性,不确定、没把握的不要写,更不要为了营造某种效果而夸大其词,歪曲事实。

要点三:对内容所宣传的内容非常精通

很多读者会觉得微商内容写作是速成品。速成品是内容写作的一个误区,也是一个偷工减料的产物。一篇成功的内容传播速度快,才会引发转载。要达到这样的效果,就要求微商有足够的领域经验,对所宣传的内容非常精通,写起来才会得心应手。

要点四:新闻性内容要求时效性

针对新闻性内容而言,比如新公司开张、上市、收购,新产品发布等,这种内容写作要求有很高的时效性,及时报道才能及时传播扩散,同时可以在短时间内提升品牌形象。

微商攻略总结

文章有若干种,不同类型的文章就有着不同的写作原则,微商在写文章的时候应该对号入座,根据自己想推广的主题,选择与之相契合的内容,这样才更容易获得好的营销效果。

第8章 内容营销:吸引粉丝的终极策略

确立内容主题

内容策划是一个脑力活,但有些微商却把它做成了体力活——把搜集到的一些资料整合在一起,修饰一下文字,顺畅一下思路,就完成了内容策划工作。这样做出来的内容,十有八九都是没有主题或者主题不够明确,读者看了之后一定会感觉云里雾里,不知所云,其营销效果必定会大打折扣。

要想写出好的内容达到好的营销效果,首先应该确立内容的主题,也就是确立方向。不管做什么事情,制度制定也好,计划修正也好,首先要有一个正确的方向,方向错了,以后的路就很难走对。内容营销也是如此。对于内容营销来说,主题就是方向。内容的诉求主题是什么,那么你的引文、案例、故事、数据、图片等,就都要围绕着这个主题来选择和组织。

那么,微商应该如何确立内容主题呢?主要分两步进行,如下图所示。

第一步:通过热门论坛关注互联网最新动态

在内容立意的时候,微商可以通过新浪新闻、百度指数以及一些热门论坛去关注一下互联网的最新动态。这可以帮助我们在确立主题的时候获得一点灵感。

一篇好的软文一定要具备广泛的传播力。如果能够通过一些网站找到潜在消费者需要解决的问题或者感兴趣的话题,往往就可以借此挖掘出一个传播力很强的内容主题。

第二步:明白内容的诉求是什么

首先,要明白内容的诉求是什么,即这篇内容的中心论点是什么,也就是要通过内容宣传什么。

比如,行业背景、市场反应、产品优势、消费者对产品的使用心得等,都可以作为宣传对象。

确立内容主题的方法有3种,如下图所示。

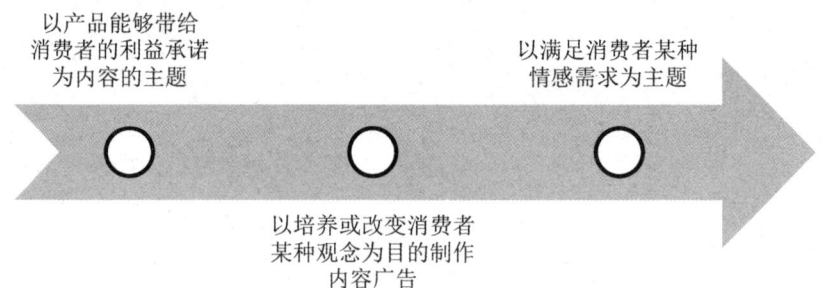

1. 以产品能够带给消费者的利益承诺为内容的主题

可以以产品的功效为主题,即突出产品的某种独特功能、效用。通常,称之为卖点。或者以产品的质量为主题,即在内容中突出产品的优良品质。

比如，Holison服饰发表于消费者权益日的关于产品质量的致歉信——《好来西在您身上，您在好来西心上》；或者以物美价廉、经济实惠为主题，为潜在消费者提供直接的物质利益——这种以价格为主题的内容既可以进行高价定位，也可以进行低价定位。

2. 以培养或改变消费者某种观念为目的制作内容广告

除了利益满足的主题，还可以以精神层面的满足为内容的主题。通常，这种主题的内容会更容易获得消费者的喜爱。可以以培养或改变消费者某种观念为目的制作内容广告。这种广告内容的目的是引导消费者形成对于产品或企业形象的认识或关注。

比如，以推广品牌为主题的内容，可以帮助消费者建立对品牌形象的信赖度，进而会喜欢上微商的产品。

3. 以满足消费者某种情感需求为主题

情感需求种类很多，比如爱情、亲情、友情，闲适、快乐、时尚，归属感、自尊心、成就感。虽然消费者情感需求的满足是以物质需求的满足为基础的，是附加在产品上的，而且往往需要通过某种情境的联想或共鸣才能实现，但情感需求的满足往往比物质需求的满足更容易带动产品的销售。

微商攻略总结

在实际的内容营销中，微商要根据不同产品的特点以及消费者的需求来确立内容的主题。此外，微商还可以将以上的主题类型相结合，物质利益满足和精神需求满足双管齐下，既用利益承诺来吸引消费者，又从情感或观念方面来打动消费者。

拟定内容标题

一篇营销内容文案会不会吸引粉丝，很大程度上取决于你的文案标题，因为映入用户眼球的第一部分就是标题。如果你的标题都不能够吸引用户，用户是没有兴趣去看正文的，文章的打开几率就会很低，自然吸引不了粉丝，所以文案标题要足够吸引用户眼球，抓住用户的弱点以及兴趣点。

文案标题写作是有技巧的，下面跟大家分享一下写软文标题的七大策略技巧。

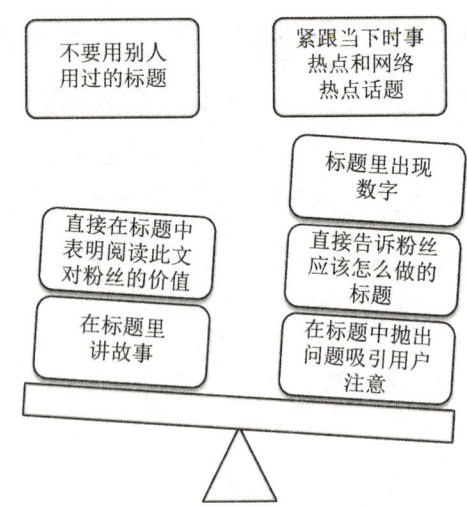

1. 不要用别人用过的标题

不要用别人用过的标题，否则用户看了是没有兴趣的，标题要有自己的创意及个性,能够吸引粉丝眼球。

如:《不为人知的微商销售文案、策略和秘诀!》,这个标题就很有新意,意思是"很少有人知道,你不想早点知道吗?"能够吸引用户赶紧打开去看。

需要注意的是,不要做标题党。标题党指的是标题很诱惑人,但是内容很糟糕,这样的标题党很容易在用户心中失去信誉,下次用户就不会再看你的文章了。

2. 紧跟当下时事热点和网络热点话题

标题可以紧跟当下时事热点和网络热点话题。结合时事热点、关注焦点以及网络热门的话题去写作,这样用户的关注度会更高。热点是全民都在关注的焦点,借力热点话题能够让你的文案迅速得到传播。

如:《继"百元哥"火了之后,××面膜相继火爆整个微商界》,"百元哥"曾是人们关注的焦点话题,此篇文案一出,立即得到网络、微信的相应传播,阅读量非常高。

3. 标题里出现数字

标题中有数字更有说服力,用户看到数字是非常敏感的。这里要注意的是:9比九的传播效果会更好,也就是用阿拉伯数字效果更好。

如:《××是如何在一个月时间内通过微商渠道招到100个总代的?》《2015年微商最实战的10种玩法》等,这些有数字的标题让用户看了更心动。

4. 直接告诉粉丝应该怎么做的标题

标题直接告诉粉丝怎么做才能解决目前所遇到的问题,另外适当添加几个标题符号，主题表达更明显，阅读更流畅，让用户读得顺口，最好做到押韵，内容更易传播，用户更易记住你的文案。

如：《建议：关于微商处理客户异议的经典话术》。

5. 在标题中抛出问题吸引用户注意

先在标题中抛出问题吸引用户注意，在正文中给出答案。反问式标题容易引起读者好奇心，在标题中提出疑问，给用户抛出他们所遇到迫切需要解决的问题，这样用户就会迫切想知道你下文给出的答案。

如：《微商致命的十宗罪你都知道吗？》。

6. 直接在标题中表明阅读此文对粉丝的价值

在这个信息泛滥的时代，每个人都想阅读对自己有用的信息，直接在标题中表明阅读此文对粉丝的价值，并且承诺提供的信息对粉丝有帮助，让用户看了标题就知道这篇文章对他是有益的，打开率就更高了。

如：《微商必学的加粉技巧，对你绝对有用》。

7. 在标题里讲故事

人人都喜欢听故事，通过讲故事的方法能够吸引粉丝注意，并且通过故事内容能够引起粉丝共鸣，从而打动粉丝。

如：《一个19岁的小女孩是如何在两周内销售出100箱面膜的？》。

微商攻略总结

标题的功能在于引起粉丝注意，说服粉丝阅读你的软文内容，提升内容的曝光率。一则设计精妙的标题，能强化营销信息，加深读者印象，才算真正具备价值。切记不要一味做标题党，高品质的内容更重要。

第 8 章　内容营销：吸引粉丝的终极策略

内容正文写作

为内容确立了主题、选择了标题，接下来就要围绕主题和标题展开文章，撰写内容的主体部分——内文。从最基本的层面上来讲，软文的内文要做到"雁过无痕"的境界，或者几乎完全让人看不出广告的痕迹。另外，你必须始终明白的重要一点是，内容是给受众看的。只要能够满足受众的需求，就不怕没机会扩散出去。在选材、推介、谋篇布局的时候，一定要站在消费者的角度。这样才更容易形成口碑效应，使信息不断扩散，吸引粉丝。

下图是内容正文写作的基本要求。

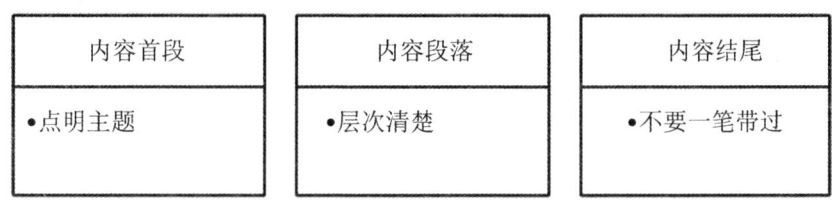

1. 内容首段基本要求

一篇内容的首段至关重要，一定要达到吸引人的效果。首段要点明主题，让读者在读完首段后就能知道你想要表达的核心主题。

比如，经验分享型内容，就可以在首段写明"以下就是根据实战经验总结出的十条护肤心得"。

2. 内容段落基本要求

段落之间的层次要清楚。内容一般只有800字到1500字。微商需要在这样的小篇幅里讲清所有的内容,而且都必须围绕核心话题来开展。这要求内容每一段的叙述要彼此有联系,构成一个整体。篇幅小,信息量大,这才是内容营销所需要达到的效果。

3. 内容结尾基本要求

在文末的地方,不要简单地一笔带过,形式空泛或呆板,这样会给人以虎头蛇尾之感,会降低整篇文章给读者的记忆。

第 8 章 内容营销：吸引粉丝的终极策略

情感是内容营销的重要素材之一

"有没有那么一首歌，你唱着唱着就哭了。有没有那么一个人，你想着想着就忘了。有没有那么一段记忆，我们尝试了很久，终究还是无法假装很轻松。我爱你，原来终究抵不过一个淘宝两个旺旺的距离。"

这段话是《我爱你只隔了两个旺旺的距离》的题记。文章以一则分手的故事开篇：

她失恋在家，蜗居不出。生日时，她在淘宝小店订了蛋糕。打开快递员送来的盒子，她发现那并不是她订的蛋糕。这时，旺旺响了，一个陌生人问她是否收到了蛋糕。接着手机响起，是前男友打来的电话。原来他看到了她在自己开的蛋糕淘宝店上留的电话，便给她快递了店里最好的蛋糕。而且他知道两个人竟然只隔了一层楼，于是通过旺旺重新联系到了她。

她吹灭蜡烛，一点一点吃着蛋糕，突然咬到了一个硬硬的东西，竟然是她以前拍下但缺货的戒指。这时候，手机又响了，前男友让她开一下门。门开了，她看到前男友正捧着一束花站在面前。

人们感动于这份美好的爱情，并没有发现其实这是一篇融入了爱情故事、针对阿里旺旺的内容营销。全文围绕阿里旺旺展开，温馨而感人，让读者不知不觉中了阿里旺旺的"毒"。

情感是内容营销的重要素材之一。在情感表达上，内容的信息传递量大、针对性强，甚至可以起到让人心灵相通的作用。情感也成了内容营销容易打动人的重要特色，情感使得内容更容易走进消费者的内心，成为内容营销屡试不爽的灵丹妙药。

下表为内容营销可植入的情感。

因素	备注
与他人的情感	以人类最基本、最重要的情感——亲情、友情、爱情为主，借以营造出温暖人心的氛围，勾起回忆，引发联想，激起共鸣。
价值观	通过传导积极的个人观、价值观，激励消费者，从而加深消费者对产品的印象，提升产品的美誉度。
情绪	情绪是情感的外在表现，是真情实感的外在流露，包括高兴、愤怒、忧伤、恐惧等。
博爱之心	以民族大义、公益情感为主，大多与事实相结合，比如奥运会、世界杯等，这样往往能够引起消费者注意。
其他	回忆、个性、自由、健康等方面的内容也可以作为情感因素融入内容写作之中。

那么，如何在内容营销中巧妙地融入以上种种情感因素呢？

首先，要对产品、理念、价值观等因素进行深度挖掘。有时候，产品本身是可以直接与情感因素相关联的。

比如，椰岛鹿龟酒，针对的消费群是"父亲"，因此也称为"父亲的补酒"；《老公，烟戒不了就洗洗肺吧！》中对"丈夫"的关心，是清华清茶攻城略地的有力武器；绿力胶囊以"爸爸的礼，妈妈的礼，就是没有我的礼"为切入点，瞄准了孩子市场。这种与情感因素的对接，往往可以获得消费者的认同。

其次，根据情感因素定位目标消费群。在情感攻略方面，内容营销中的情感一定要和目标消费者的情感需求挂钩，与其价值观相符。这就需要我们细分并深入研究消费者群体，并根据其群体特征，采取有针对性的营销策略。

微商攻略总结

将情感诉求导入内容营销，可以帮助微商建立良好的产品形象，吸引粉丝。但是需要强调的是，文章是给人看的，不是给机器看的，自然离不开人性化，所以在将情感融入内容写作的过程中，内容营销作者也须融入自己的思想和情感。

第 8 章 内容营销：吸引粉丝的终极策略

不露声色将产品融入内容中

微商写作的目的很明确，那就是传递产品信息，这也是所有营销行为的共同目的。是否能够在内容中巧妙地传达产品信息，是决定写作质量是否过关的重要因素之一。

现如今，在互联网上，各种广告满天飞。那种一眼就能够被看出是广告的内容，不是一篇好文章。一篇好文章，应该像是一个经验十足的导购员，可以把想对目标消费者说的话，用"唱"的方式表达出来，在"导购"行为中介绍自己的产品，然后形成良好的口碑和品牌效应；如果发在网站，则可以带来更多的人气和点击量。

那么，如何巧妙地将产品融入到内容中呢？下表是内容营销的产品植入方式及策略方法。

方式	类　型	策　　略
直接植入	新闻报道、个人专访、媒体评论等	直接对推广的产品或店铺进行描述，不需要隐藏广告，隐藏反而会有副作用。
间接植入	以举例的方式植入产品信息	这种方式可以对产品或店铺的信息做适当的展开，多用于教程、技术类文章，比如《关于改善皮肤的护肤技巧》。
	借用第三者的身份植入产品信息	可以采用某专家、某网站、某机构讲述的内容。前提是保证引用内容的真实性，所引用的内容不要太长。
	以关键词的形式植入产品信息	这种植入方式虽然不会太多融入产品信息，但因为多次提及关键词——产品、商标或店铺名称，因此既能传达一种理念，又能顺利地被百度检索收录。
	以故事的形式植入产品信息	围绕植入的广告编故事，故事的内容以需要植入的广告为线索展开。
	以版权信息的形式植入呈现产品信息	这种方式简单实用，只需在文章的最后加上版权信息即可。

上表是在文章中植入产品信息的基本方式和策略。为了在文章中更好地传达产品信息，微商们还应该做到以下3点。

1. 产品功能要形象化

赋予产品形象化的描述，才能让消费者与文章产生互动。保健产品、美容产品的微商往往使用这种策略。比如"抗氧化""温阳补肾""提升免疫力"等词汇，并不是所有人都能搞得明白。这种停留在产品功能白描阶段的说明方式，其实是绵软无力的。产品功能要形象化，是内容营销策划的核心。"洗肺""洗肠""洗血"等概念，都是将产品功能形象化的例子。

例如木竭胶囊在上市时就曾经发表过一篇名为《8000万人骨里插刀》的文章，形象地指出了骨病人群的痛苦："骨病之痛苦，连患者亲友都不忍目睹，常见患病的人突然间倒吸几口冷气，牙缝间吱吱作响——骨刺又发作了！俗话说：得了骨病犹如骨里插刀……"这种形象化的描述，使消费者产生了强烈的共鸣。

2. 产品信息流出要自然

如果不是直接植入型的文章，那么微商就需要注意产品信息流出的方式。最好，文章的开头、正文和结尾3个部分都能够自然而然地流出产品信息。开头是每个读者都会看的。因此，在开头自然地呈现出产品信息，那么文章的质量马上就体现出来了。不过，需要注意的是，在开头部分要尽量使用一些"托儿"，与产品有关的人和物都可以借用。

有时候，在文章一开头，并不适合植入产品信息，那么在内容中就要合理地点出产品信息，比如介绍产品的一些优点，或未使用该产品前遇到的一些困难，然后再点出产品。

3. 产品介绍要通俗化

一篇好的文章，必须简单明了、通俗易懂，要考虑到绝大多数消费者的理解力。毕竟文章是给众多普通消费者看的。因此，文章在介绍产品时，尽量不要使用过于华丽的辞藻，行文用语要结合消费者的习惯，尽量生活化。

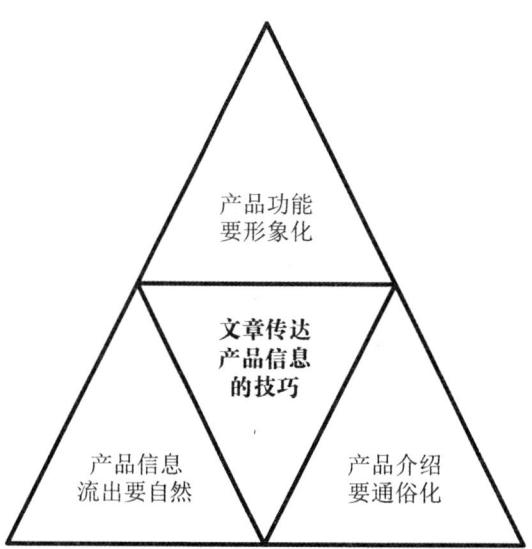

比如推广番茄红素的文章《中科番茄红素，一场"红色健康风暴"》，这样描述番茄红素清除氧自由基的强大能力："一个番茄红素分子在战斗中能敌过数千个敌人——氧自由基。"这种描述浅显易懂，便于消费者理解和记忆。

正文中放置关键词

关键词,源于英文"keywords",本是图书馆学中的词汇,是指单个媒体在制作使用索引时所用到的词汇。现在,关键词多指希望访问者了解的产品、服务和企业等的具体名称用语。关键词搜索是网络搜索索引的主要方法之一。

内容营销之所以需要进行关键词优化,是基于下图所示的关键词对于内容营销的作用。

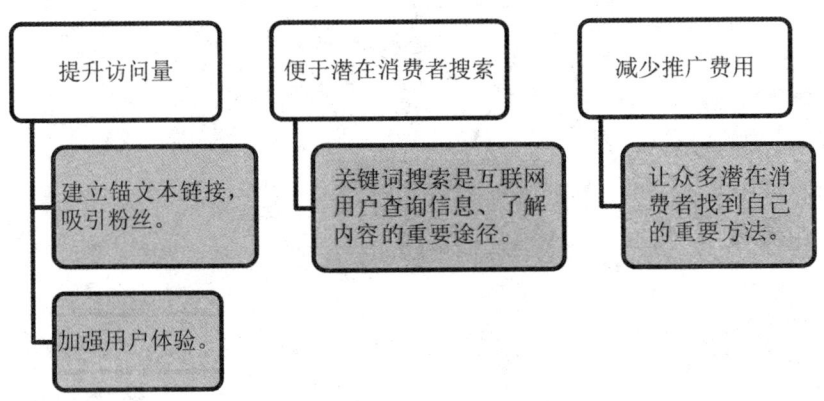

1. 适合放关键词的位置

做过搜索引擎的微商都知道,在文章中加入关键词,有助于提升店铺权重。但是,一定要注意,所加入关键词的量要适度。换句话说,要让关键词出现在最应该出现的位置。

第 8 章 内容营销：吸引粉丝的终极策略

那么，内容营销的文章中有哪些地方适合放关键词呢？

★ 标题。标题是最适合放置关键词的位置之一。一篇文章要想被搜索引擎收录，发挥营销力，其标题一般应包括关键词，最好还有相关的关键词，由此构成一个关键词组合。当然，在标题中放置关键词时，一定要注意语句通顺，不要为了加关键词而加关键词。而且文章标题中的关键词不可过多。因为关键词多了，权重便会分散。

★ 正文。在文章的正文中，关键词应该有所体现。一般需要根据上下文的需要，在文章的正文中适当地加入关键词。当然，这种植入不能太显眼。

另外，在文章中提到其他文章的关键词时，可以为其添加链接即内链，并指向该网页。

★ 图片。有些文章为了增强说服力或者美感，会随文附加图片。这些图片也可以成为关键词植入的工具。这种做法同样有利于搜索引擎对文章的抓取。alt标签在html语言中的基本写法为：

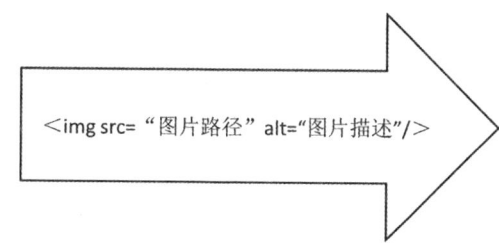

<img src="图片路径" alt="图片描述"/>

微商在植入关键词时须在保证软文整体顺畅的前提下，合理地加上关键词，不要堆砌或硬往文章中加关键词，更不要试图在文章的每一段、每一句中都加关键词。否则，会被搜索引擎认为是过度优化。因此，为保证能被搜索引擎引录，可以根据用户的阅读习惯以及网站的性质等，选择在少数几个重要的位置加关键词。

2. 如何巧妙植入关键词

在文章中植入关键词，是内容营销的惯用手法之一，也是微商内容营销必备技巧之一。但在文间添加关键词，不是一件简单的事情。

在植入关键词的时候，一定要巧妙、适当、合理，要选准植入的时机，既不能通篇都是关键词，也不能为了植入而植入，以免镶嵌得过于突兀。

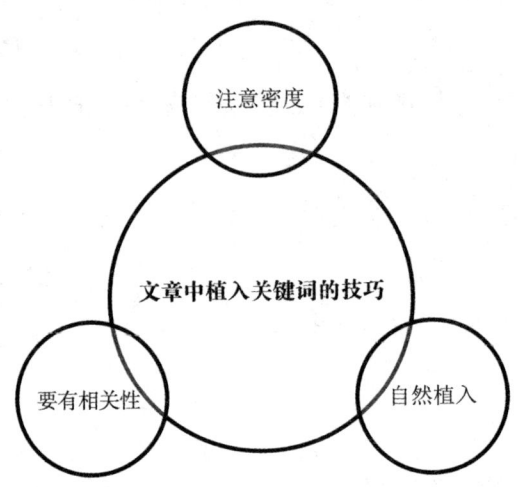

★ 首先，植入关键词要注意密度。关键词对文章的搜索引擎优化有着非常重要的价值。但这并不是说关键词的密度越高就越好。搜索引擎会把关键词的密度作为排名算法的因素之一，每一种搜索引擎都有针对关键词密度的计算方法，只有合理的关键词密度才能被更多的搜索引擎所接受。

微商在植入关键词的时候，一般出现2～3个就可以了，最多不要超过6个。不要刻意、过分地重复关键词，更不要在同一行连续两次以上使用同一个关键词。如果按照比例来算，在大多数的搜索引擎中，关键词的密度在2%~8%是一个较为恰当的范围。

★ 其次，关键词植入要自然。在植入关键词的时机和位置方面，要做到不可任意而为，不能在时机未到之时冷不防地在文章中植入关键词。这种做法可能会让读者心生反感，同时也会让整篇文章显得不够协调。

换句话说，在植入关键词的时候，要恰如其分地结合前后文，在恰当的时机、合适的位置适量地植入关键词。关键词的添加，必须保证文章贯通、结构流畅。

★ 最后，关键词要有相关性。潜在消费者在搜索关键词时，有着很明确的购买意图，如果搜出来的内容和自己需要的信息张冠李戴，完全没有相关性，那么关键词就失去了意义。另外，冗长的关键词也会降低信息的相关性，影响搜索排名。

如你的产品是三面震动儿童牙刷，那么你的关键词可以直接设置为"电动牙刷"，如果你如实地将"三面震动儿童牙刷"作为关键词，尽管和产品100%相关，但与搜索习惯不符，不会起到良好的营销效果。

微商攻略总结

微商在植入关键词时尽量不要使用那些潜在消费者不了解的词作为关键词，比如产品型号。对于不了解店铺和产品的人来说，除了专业人士，大多数人根本记不住，也不需要记住你的产品型号。

内容收尾的巧妙构思

一篇好的内容，不仅要有一个别致的标题、吸引人的开头和主题，契合消费者的需求和口味，还要有一个有力的收尾。可以说，收尾也是一篇好的内容营销非常重要的组成部分。

内容的收尾对信息推广是很有帮助的，可以在读者即将离开页面的时候，帮助其加深记忆，增加内容营销的"回头率"，激发其进一步了解产品的兴趣。

那么，一篇好文章应该通过什么样的方式收尾呢？其方式主要有4种，如下图所示。

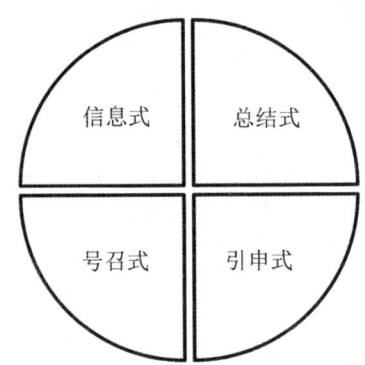

1. 总结式

通常，一篇内容可以这样结束：重述观点，与开头相呼应再次点出主题，或者结合内容进行"总结性发言"。有时候，内容可能是从其他地方借鉴过来的，如果没有收尾，你就可以发挥想象加上一个；如果有，可以用自己的话把原收尾的内容复述一遍。

2. 引申式

这种方式更适合那种连载性的内容，类似于罗志祥与曾恺玹拍摄的飘柔系列广告。在内容收尾的时候，就可以总结一下整篇文章，并为下一篇文章开一个头，甚至可以直接标注"未完待续"。这样不仅能够吸引读者，还能够形成自己的风格。

3. 信息式

在内容的收尾部分，产品信息流出是重中之重。在这个地方有自己的产品信息，对于内容营销带来的效果有很大的帮助。收尾处的产品信息往往一笔带过即可，不需要展开说明。否则，会加重内容营销的广告味。

有的时候，还可以在收尾的地方加上网站的链接。当然，链接不要加入过多，一般一篇文章只允许加入一个链接。一些权重高的网站，都不允许加入过多的链接。

如果你的内容是促销型的，那么收尾则可以直接传达店铺名称、产品购买方法、接受服务方法等附加性信息。

4. 号召式

在内容的最后，可以直接发出购买号召。

微商攻略总结

在设计内容的收尾时一定不要过长，几句话即可，只需要进行简单的总结或补充；一定要加入关键词，这样才能使内容更容易被收录。

微商实战案例解析8：杜蕾斯微信内容营销的两大技巧

在开启本节的案例之旅前，先问大家一个问题：说到避孕套，你想到的是什么品牌的？

杜蕾斯！

想必大多数人会毫不犹豫地说出这个品牌名称。那么，到底杜蕾斯有何秘诀，让人们能够如此铭记于心呢？

下面我们一起来探究杜蕾斯营销的秘密。

作为一个全球知名的避孕套品牌，杜蕾斯一直善于运用各种营销手段来推广自己的品牌。无论运用何种营销手段，杜蕾斯成功营销的秘诀只有一个：内容营销。

杜蕾斯一向秉承着"为全球消费者带来更完美性爱体验"这一宗旨，希望将更多的激情传递给每一个用户，让每一对夫妻或情侣在两性生活方面能够快乐、愉悦。

微信的私密性和互动性刚好利于杜蕾斯进行内容营销。杜蕾斯运用微信平台进行内容营销主要有两大技巧。

第8章 内容营销：吸引粉丝的终极策略

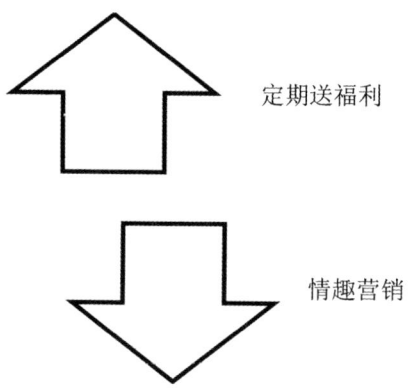

定期送福利
情趣营销

定期送福利。为了吸引微信粉丝，杜蕾斯会定期送给用户一些福利。比如，2016年4月8日，杜蕾斯送出的福利是：

随机抽中10名粉丝，这10名粉丝将获得新品魔法装一份。另外，用户只要在当天晚上10点之前，用微信向杜蕾斯公众号发送"我要福利"四个字，就会获得一份幸运礼品。

当杜蕾斯把这个送福利的消息在微信公众号上公布后，两个小时内就收到了上万条"我要福利"的信息，收获了近6万的粉丝。

情趣营销。情趣营销是杜蕾斯在微信内容营销里的一个"杀手锏"。当你打开杜蕾斯的微信公众号时，就会看到"禁止调戏"这样的板块，点击进入后，里面有着"求围观""求安慰""听乡音""涨姿势"等小版块。你随便点击一个进入里面，就会看到杜蕾斯发出的情趣话题，虽然是隐私话题但却不下流。

同时，杜蕾斯还在"爱爱秘籍"中发起了用户讨论，你可以在这个版块与很多人讨论你平常羞于启齿的私密话题。

杜蕾斯利用微信进行内容营销，成功地满足了消费者的情感需求。透过杜蕾斯的内容营销，微商可以学习和借鉴的是：微信内容营销应重视情感营销及与用户之间的互动，同时以诚恳和热情的态度与粉丝建立良性关系。

第9章 微商引流——线上引流+线下引流

微商最重要的工作是根据产品选择适合的引流方式。切记,不论推销的是产品还是店铺,推广营销的对象是固定的,而引流方式是灵活的。

引流方式尤如十八般兵器,最后要根据产品对象的特点来选择最适合的兵器,这样才能克敌制胜、所向披靡。

针对微商的特点,本章选用的线上引流方式为:论坛引流、百度引流、分类门户引流、微信红包引流、百度文库引流、豆瓣引流和妈妈族引流;线下引流方式为:同行互推引流、店铺线下引流、宣传单引流、附近的人引流、产品包装引流和海报专柜引流。

论坛引流

论坛引流就是微商利用论坛这种网络交流平台,通过文字、图片、视频等方式发布产品和服务的信息,从而让更多的潜在客户了解其产品和服务,最终达到宣传品牌、加深市场认知度的线上引流方法。

目前,我国论坛前五名如下图所示。

线上引流的方法有很多种,其中论坛引流资历最老,效果也是最佳的。但有很多微商认为它是最简单、最老的引流方法,不值一提。这是大错特错的。论坛引流是伴随着互联网成长起来的最早的线上引流方法之一,以易上手、实用性强一直沿用至今,论坛引流的作用不容小觑。但由于论坛引流比较耗费精力,而且需要一定的软文功底,这让不少微商头痛不已。那么如何才能做好论坛引流呢?首先要了解论坛引流的特点。

第9章 微商引流——线上引流+线下引流

1. 论坛引流的特点

提升品牌曝光率，树立品牌形象。 一些知名的论坛有不少注册用户，如果微商能在论坛上把广告帖炒成热帖，引发网民的热烈回复与关注，即使不能马上在论坛上促成购买，也可以大大提升品牌曝光率，树立品牌形象。

零成本，操作简单。 论坛引流几乎不需要成本，从注册到发帖都是免费的。关键还是在于写作功底和软文质量，如果能在天涯、贴吧、猫扑等大型论坛炒红一篇帖子，就能引起其他平台大量的转载，引流效果会从几十倍扩大成几万倍。论坛引流操作非常简单，只要需要发帖、顶贴、回复。

范围广。 不管是什么样的产品，大部分微商都会利用论坛引流，几乎都选择热门论坛，在其中找到目标用户集中的论坛版块发布信息。很多微商以为只适合在电子商务类的论坛引流，其实不然，在其他类型的论坛如果能正确使用一些方法进行引流，也会有比较好的效果。

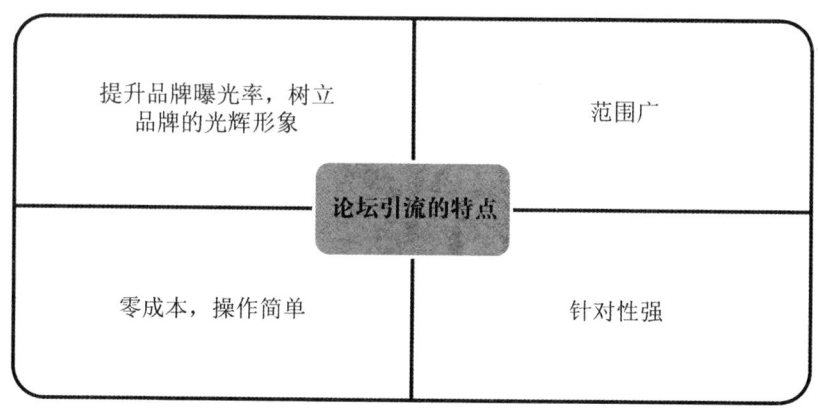

针对性强。 论坛引流可以作为普遍宣传活动手段使用，也可以针对特定目标组织或特殊人群进行重点宣传。因为论坛中有很多分类，比如可以在数码版块放置电子产品，在女性版块推销减肥产品等，每一个版块都有特定的人群，微商只要把软文放置在正确的版块中，目标人群就很容易获取了。

2. 论坛引流的操作步骤及技巧

上面介绍了什么是论坛引流和相关的理论知识，下面带领大家一起进行论坛引流的实践操作。

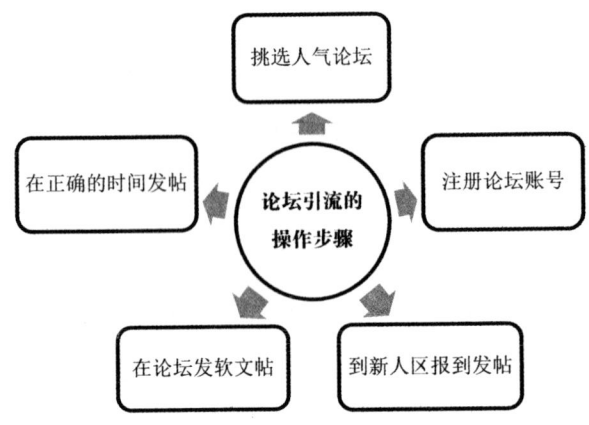

第一步：挑选人气论坛

论坛的人气是决定帖子能不能火起来的首要因素。文章写得再精彩，如果放在一个网民少的论坛上，就算是最显眼的位置也没有多少人能看到。所以，论坛引流的第一步就是：挑选人气论坛。

那么，如何挑选人气论坛呢？可以通过网上一些数据侧面了解哪些论坛比较好，或者可以通过百度、搜狗等搜索引擎了解。不同的文章主题选择的论坛或论坛版块是不同的，把卖衣服的文章发到豆瓣论坛，就没人看了，而放在百度贴吧里的"买衣服吧"版块就合适了。

微商可利用"站长之家"做一个筛选表格，在"站长工具"里查询论坛的百度权重指数、ALEXA排名、站内链接数、建站时间、反链数等。

第 9 章 微商引流——线上引流+线下引流

微商可以自己做一个人气论坛横向PK表来选择几个人气高的论坛。切记投放软文的论坛不要太多,量力而行,根据自身的能力来选择。用户群要精准,选择合适的地点投放,避免做"无用功"。如下图所示。

论坛名称	百度权重指数	ALEXA排名	站内链接数	建站时间	反链数
天涯	9	全球排名:64;中文排名:12	814	2003.03.17	4432
猫扑	6	全球排名:5414;中文排名:458	321	1999.09.19	9736

第二步:注册论坛账号

现在很多论坛都采用QQ、微信、微博一键登录,当然也有原始的注册登录方法。微商在做论坛引流之前,首要任务是多注册几个账号,这些账号可以为以后暖帖、顶帖做基础。

下图以注册新浪论坛为例,介绍如何注册论坛账号。

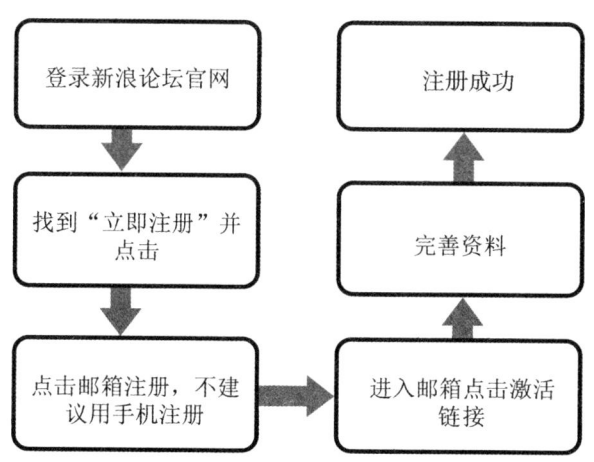

第三步:到新人区发贴报到

新注册的账号先到新人区发一篇帖子报到一下。不同论坛对新人的发帖是有限制的,有的一天内限发一篇,有的积分不够需要赚取积分才能发帖,具体要看该论坛操作提示。

例如,"百度贴吧"中的"新人吧"是专门给刚注册的新人发帖子的地方,新人们可以互粉、互相学习,就算广告意图非常明显,也不会有人太过追究。

第四步:在论坛发软文帖

发帖是论坛引流的重中之重,帖子是维持论坛活力不可缺少的活动,逛论坛看帖子已成了网上浏览的重要部分,因此只要帖子写得好,就能吸引网民阅读、回帖,甚至是转发。

软文经常被比喻为一个网站的血液,想要在论坛上引流,就得发软文帖。在这个眼球经济的时代,网民就是微商决定在论坛上炒作软文帖的重要因素。

如何把软文帖写得有吸引力呢?下面总结了3种方法。

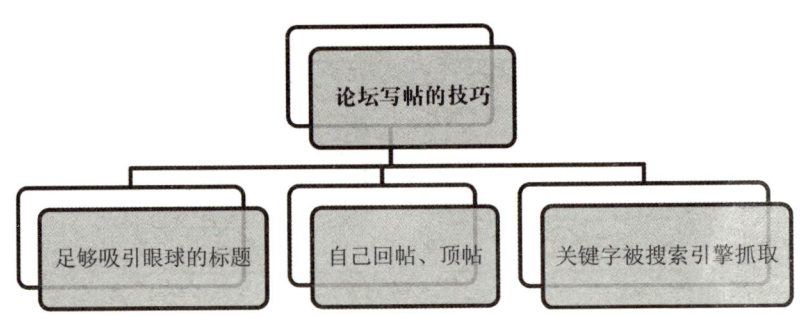

第1种方法:足够吸引眼球的标题。网民对信息新奇度的辨别率非常高,只有足够吸引眼球的标题,才能换来网民的高点击率。

例如,某品牌面膜产品活动营销在进行帖子炒作过程中,帖子标题由"史上最有效的面膜"改为"面膜使用方法,你知道吗"和"你还在用面膜杀手吗"后，点击率由每天400多飚升至每天8000多。

在选择标题的时候，应当忘记自己推广产品的身份，而用在网上冲浪的网民思想来选择标题。下图总结了写标题的注意事项。

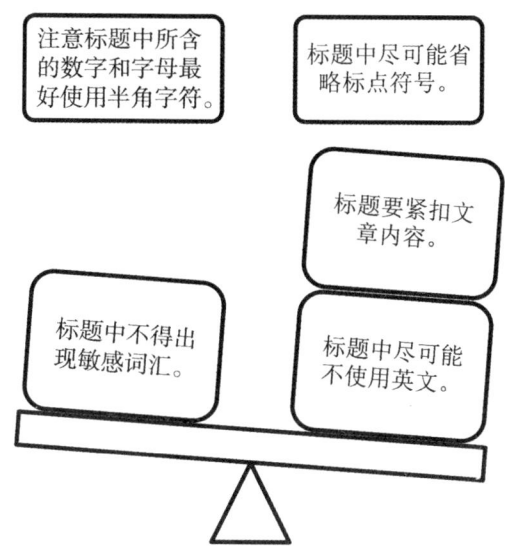

第2种方法：**自己回贴、顶贴**。微商要学会自己回帖，利用自己的其他账号，在不同IP地址的情况下，给自己的帖子回复不同的内容。

要知道天助自助者，只要不露出太多的马脚，不要让每个账号回复的评论语气都是一个感觉，就差不多可以让自己的帖子暖起来，从而提升人流量，吸引网民大举"围观"。

当然这是在账号足够多的情况下，才能获得这种效果。如果没有多个账号，在自己暖帖的过程中就会无法正常运作，只能放弃论坛引流了。

第3种方法：**关键字被搜索引擎抓取**。微商不能只守着论坛中的网民，应该扩大阅读人数，这可以利用搜索引擎来实现，只要关键字被搜索引擎抓取，阅读人数就会越来越多。有人说过，一篇好的软文，不是用华丽的辞藻堆砌而成的，而是关键字贯穿于整篇软文，却让网民在阅读时很难发现。

第五步：在正确的时间发帖

一篇帖子能否被关注和发帖的时间也有很大的关系。如果选择在午夜过后发表，软文推广效果就会大打折扣，因为该时间段的在线人数相比其他时段少之又少，文章自然会缺少关注。

下图是论坛发贴的推荐时间。

对于论坛的反馈积极性有明显的提高。	●周一到周四网民人数比较稳定。 ●周五到周日网民人数逐渐增加。
这两个时段用户转发和评论都比较积极。	●工作日下班后的时段（18:00～23:00）营销价值大。 ●周末午饭后（13:00～14:00）和晚饭前后（17:00～20:00）的用户互动更加积极。
更新软文与网民互动。	●周末的23点之后。

总之，论坛引流看着简单，但是想要做好、做出效果却是有难度的。认为写篇文章不停地复制粘贴就行了，这是错误的想法。微商只有按照上述操作步骤和技巧，一步一步做好，才有可能利用好论坛为自己的店铺和产品做好引流工作。

第 9 章 微商引流——线上引流+线下引流

百度引流

百度引流是国内首创的搜索引擎网络引流方式，简单便捷的网页操作可以给微商带来大量潜在客户，有效提升店铺知名度。现在百度已经嵌入了人们的生活，出现难题时，人们都会随口来一句"有问题，找度娘"。

那么，什么是百度引流呢？

简单来说就是当用户利用某一关键词进行检索，在检索结果页面会出现与该关键词相关的内容。

关键词广告只在检索特定关键词时，才出现在搜索结果页面的显著位置。例如，微商在百度注册提交"家纺"这个关键词，当网民寻找"家纺"的信息时，店铺就会被优先找到，百度按照实际点击量（潜在客户访问数）收费。

1. 百度引流的优势

百度是目前国内使用人数最多的搜索引擎。百度引流的优势如下图所示。

用户数量巨大	• 每天2.5亿次访问所构筑起来的商务交易平台，每天有超过6000万人次访问百度或查询信息，是使用人数最多的中文搜索引擎，也是网民最常使用的中文搜索引擎。
有针对性	• 有针对性的"产品关键字"，如店铺名称、产品名称、产品特点等。微商潜在客户在搜索微商提交的产品或者服务关键词时，可以快捷地了解产品。

有各种服务	• 微商可指定地区推广，只有指定地区的用户在百度搜索引擎上搜索微商注册的关键词，才能看到微商的推广信息，为微商节省推广资金。百度还为用户开设了每日最高消费限定功能，该功能使微商更好地监督自己的广告费用，微商在百度的消费额当天达到设定的每日最高消费限额时，所有的关键词将暂时搁置，排名就没有了。
关键词无限制	• 可以同时注册多个"产品关键词"，数量无上限，使微商的每一种产品、服务，尽可能地被潜在客户发现，获得理想的引流效果。

2. 百度引流的操作步骤和技巧

微商利用百度引流这种方式不要太过于着急，应该制定策略，一步步地按照百度引流的规则执行，否则效果不仅不大，还会使店铺亏损。建议微商在做百度引流时按照下面四个步骤进行，这样才能走得更远、更有效率。

第一步：确定营销目标

微商在决定执行某个营销活动之前，一定要明确营销目标。

很多微商在做百度引流时的目标几乎都是为店铺带来更多的订单、树立企业品牌等，而在带来订单之前，首先得让网民在网上搜索时，展现出符合的店铺引流结果，然后网民点击推广结果，之后转到店铺浏览，再通过线上与客服交流等方式，最终形成订单。

所以，微商在进行引流之前，先要明确推广的产品是什么、产品的卖点有哪些、产品的成本预算是多少，这样在百度引流时就不会那么漫无目的了。

第二步：认真投放关键词

确定好百度引流目标之后，要认真投放关键词。关键词的选择决定了微商推广的成败。如果选择的关键词搜索量高并出价合理，那么百度引流就会给店铺带来一定的效益，否则只怕会"费力不讨好"。

下面是百度关键词的操作技巧。

> 站在消费者的角度选择关键词，否则很容易造成恶意点击量，从而提高推广成本。

> 借助百度统计、百度商桥等工具来了解网民搜索词的习惯。

> 通过关键词推荐工具中的检索量来选择关键词。

> 合理地给关键词出价，否则关键词再好，也可能无法有好的排名，展现效果会大打折扣。

> 根据关键词体现的价值决定适合的位置，还应该考虑潜在客户的搜索动机。

第三步：跟踪、评估广告投放和推广效果

微商选择百度搜索引擎营销平台进行广告投放的时候，跟踪、评估广告投放和推广效果是SEOer（从事SEO工作的人）每天必做的功课之一，收集来自各方的数据报告，第一时间发现问题、解决问题，保持稳定的广告投放和关键词排名，避免大幅波动。

百度为了使微商们更好地实施检测，推出了一款专业网站流量分析工具——百度统计。百度统计使微商店铺中的每个需要进行效果评估的网页都嵌入一段JavaScript脚本代码，当访问者打开这些网页的时候，这段程序脚本会自动开始收集访问者的浏览信息并通过网络向特定服务器发送，服务器负责记录和统计信息。这些信息包括访问者的IP地址、打开网页的时间标记、网页的标题和URL（网站链接）等。

第四步：分析数据

微商应当汇总每周、每月、每季度或在指定时间跨度的数据，生成报告，宏观分析当前形势，与推广标准进行比对，指出取得的成绩与不足。

基于历史数据、投放数据及对市场认识的更新，合理调整关键词、创意、账户结构等，以达到制定的推广标准。如有无法控制的因素存在，则需要回到目标制定步骤重新进行。

根据数据报告和分析得出的结论制定优化方案，取得各方面确认后再实施。需要注意的是，优化不只是对最初计划的裁剪，还需要基于新的数据分析和市场洞察设计新的尝试方向，充分挖掘市场的潜力。

第五步：成本计算

很多微商都觉得百度竞价很贵，不敢尝试，但是如果微商资金充足并有很大的发展潜力，建议做百度引流。而小微商还是从百度免费引流做起，那样盈利的可能性更大一些。

百度引流的收费如下图所示。

预存引流费和服务费根据地区可能有所变动，具体费用由客户和服务提供方另行约定。

开通服务后，客户自助选择关键词、设置投放计划，当搜索用户点击客户的信息访问店铺网站时，系统会从预存费中收取一次点击的费用，每次点击的价格由客户自主决定，客户可以通过调整投放预算的方式自主控制花费。

预存费用完后，微商可以继续续费。微商需要注意以下几种百度引流计费方式。

防恶意点击，按IP地址消费，同一IP地址在一定时间段内连续对一个关键词进行访问，只针对第一次访问收费。	注册新关键词不收费。	支持每日最高消费限额（最低设置金额为50元）。
支持限定地区投放（只限制到省份，包括直辖市）。	只有通过设置的关键字搜索并打开网站，才计费。	

微商攻略总结

这个世界没有完美的东西，百度引流亦是如此，它有以下缺点。

价格高昂：百度引流每天每个客户平均花费为81.4元，如果是长期做，就需要长期花费如此高昂的费用。

管理麻烦：如果要保证位置和控制成本，需要每天都查看价格，设置最合适的价格来进行推广。

分类门户网站引流

门户网站里聚集的用户很多,而且可以有针对性地进行查找添加某一个领域的用户,这样非常有利于微商进行精准营销推广。

常见分类门户网站有以下3个。

如果你的客户是女性群体,你可以去58同城里面找一些女性用户群体。比如说:玩具、幼教、奶粉等这样的分类,一般都是一些年轻的妈妈,找到之后可以获取她们的手机号码,而且这些手机号基本都开通了微信,你可以收集上万个号码慢慢去加她们。

要实现高通过率则要注意话术,最有效的方式就是先看她的朋友圈,了解她你才能有针对性地写出打招呼的话语,否则通过率必然很低。比如发现她晒小孩照片,你可以说你想跟她交流带小孩的方法等。要根据个人实际情况而定,才更能吸引注意力。

除了58同城,还有百姓网、赶集网,这些数据收集起来将是海量的。方法和思路都差不多,很容易操作,也能很快见到效果。

微信红包引流

微信红包的诱惑力是很大的，大家可以看到春晚微信红包全民都在参与，虽然抢到的金额不是很多，但是有趣好玩，所以参与度就高了。

具体方法如下：

1. 在微信群发一条这样的信息，如想要进红包群的可以加我微信：×××××××，加了立马拉你进红包群。这样一发就会有很多人来加你，你就把他们都统一拉进群。

2. 先在群里发个红包，接着发一条广告：微信群人数达100人后开始发大红包。他们肯定会踊跃地拉好友进群，很快就会到100人。

3. 发了红包之后，可以说：只要是我好友，转发我的名片截图给好友和朋友圈（名片上有自己的产品和微信号），就可以得到定向红包。这个时候群里不是好友的人就全部来加你了。而且还在他们的朋友圈帮你转发名片，接下来就有源源不断的人来加你了。

4. 红包金额都不用太大，因为参加的人大部分都只是图个好玩，不是真的为了钱而来。

5. 关于红包群加人方法。有些人等不及，等不到100人就退了。那么只要有30以上的人，就可以先发点小红包，然后把自己的截图和介绍发在里面，让他们发朋友圈后截图，给他定向红包。只要来一批新人，就必须发一次。最好找一个朋友专门帮你发名片。主要的目的是让他们截图到朋友圈，给你带来二次转化吸引粉丝加你。

这种方法可以一直复制下去，每天多开几个群，这样你的粉丝数量很容易就能得到快速增加。

百度文库引流

百度文库是一个在线互动式文档分享平台，在这里，你可以和千万网友分享自己手中的文档，也可以全文阅读其他用户的文档。

那么微商如何做好百度文库引流呢？

百度文库没限制文章的字数，但建议文章篇幅控制在2~8页，这样的通过率会比较高。这里要注意两点：

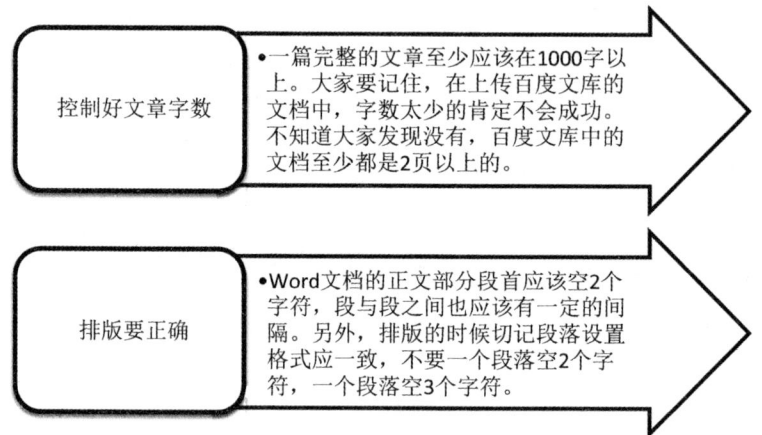

首先到百度文库首页看一下哪些文档最热门，然后将该文章下载，对其进行二次加工（主要修改标题样式、目录、文档前几页的结构等）。由于百度对重复性的文档审核较松，所以很容易通过。热门的文档才会有人关注，热门的文档才会不断被下载，"百度蜘蛛"来此的次数才会频繁，文库快照才会最新，文档的链接才会更加有效。

第9章 微商引流——线上引流+线下引流

相信大家都有过这样的经历,第一次在百度文库提交文章,不管你怎么做,就是通不过。其实这和你的账号等级有一定的关系。但除此之外,最大的原因恐怕就是你的文章标题有问题。大家都希望通过百度文库推广自己的产品,所以自然的会在文章标题里有意无意地流露出广告的性质,但这是最忌讳的。有广告性质的文章,基本会被百度拒绝。那么该怎么做呢?

通常的做法是起个"教育"类的标题,例如《快速增加粉丝的188种技巧》。第一,文档标题要实在,不要带广告语。第二,标题要新颖,陈旧而无趣的标题肯定不能够通过百度文库的审核。说得直接点就是用帮助别人解决问题的一个标题,这类标题是最容易通过的。

除此之外,为提高关注度和下载量在上传文档到百度文库的时候一定要对自己的文章标题尽量优化。一般来说,标题除避免广告外,还要尽量避免重复。当然了,也要避免过于生癖。如果你的文章标题根本没人搜索或者一搜就能搜出一大片同类的,那你这个引流方法就是错误的。

在软文里需要很随意地告知别人你的微信号或者你产品的官方链接,比如说告诉别人这篇文章出自哪里等,总之越随意越容易通过。

通常的要求是:

提交的分类要准确。 正确的文档上传分类是文章上传成功的一半。有时候分类错误了,编辑不会帮助你改,反而会直接将你的文档删除,因此在上传文档的时候一定要注意文档的分类是否正确。比如在写一篇与互联网有关的文章时,这篇文章可能既属于互联网基础知识又属于电脑基础知识,这个时候就要看文档中哪一类关键词出现得多,哪个多就放在哪个分类里面,这对于文档通过的审核至关重要。

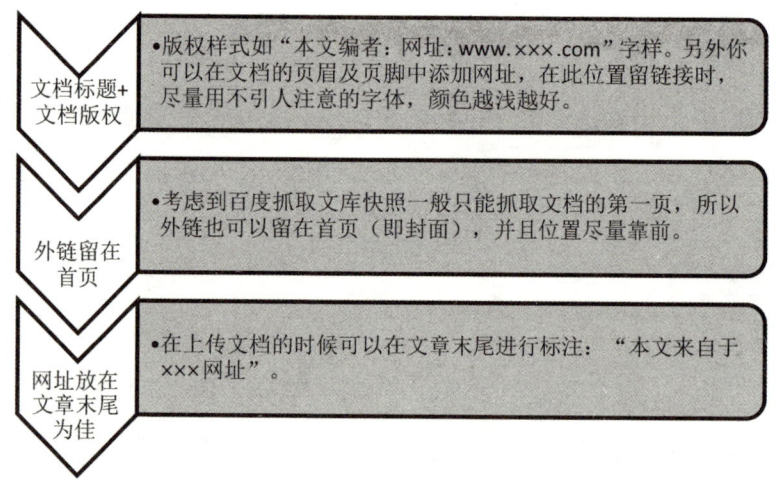

选择合适的上传时间。要知道每个网站的审核工作都是人工完成的，而只要是一个人就会有自己的情绪。文档在早上10点以前提交比在10点以后提交的通过率要高一些，因为10点以前很多人的思想都还很稳定，但是10点以后或许会因为家庭和工作上的因素导致情绪不稳定，而这个时候质量稍差的文章想要通过审核，就是一件很难的事情。

在学会了上面的技巧之后，你还必须让自己的百度文库文档排名靠前，从而获得较高的文库权重。要知道，"百度知道"主要根据好评度来决定谁靠前；而"百度文库"主要看文档分值来进行评价，如果你的文档评价一直是5分的话（5分为满分），那么该文档的排名将会出现在搜索引擎的前列。

所以如果你想提高自己文档的排名，那么每天多换几个IP，自己给自己上传的文档打满分。若能坚持20次满分的评分，你会发现你的文档会逐渐上升到百度首页的前几名。排到百度首页的文档，一般网站权重都是极高的，因此会给你带来不少的流量。

第9章 微商引流——线上引流+线下引流

豆瓣引流

豆瓣网除了提供图书、电影、音乐唱片的推荐、评论、价格比较及城市独特的文化生活外,还提供了豆瓣小组、小站等社区类服务,在这里大家可对吃、穿、住、用、行等进行热烈讨论,因此我们在这里可以做兴趣营销,通过豆瓣和有共同兴趣的人进行互动。豆瓣网上以喜欢读书的人居多,整体素质较高。

豆瓣可以留下推广信息的地方有很多,如读书、电影、音乐、小组等都可以。根据豆瓣的特点,你可以在其上推广图书、音像、创意类商品。

那么微商如何操作才能最大化地实现豆瓣引流呢?

在引流之前,需要先注册一个账号,然后设置头像,并起一个好的标题,当然是带着SEO的意识来起标题,用你想到的且别人希望搜查到的词作为标题,可以结合百度指数和百度关联搜索来寻觅标题的关键词。

总之就是换位思考,即假定你要找这个产品,你会怎么去搜索。接下来是豆瓣引流的具体方法。

1. 回帖互动

要积极与回帖用户进行互动,只有这样才能真正达到引流的目的。回帖互动应从以下几点出发:

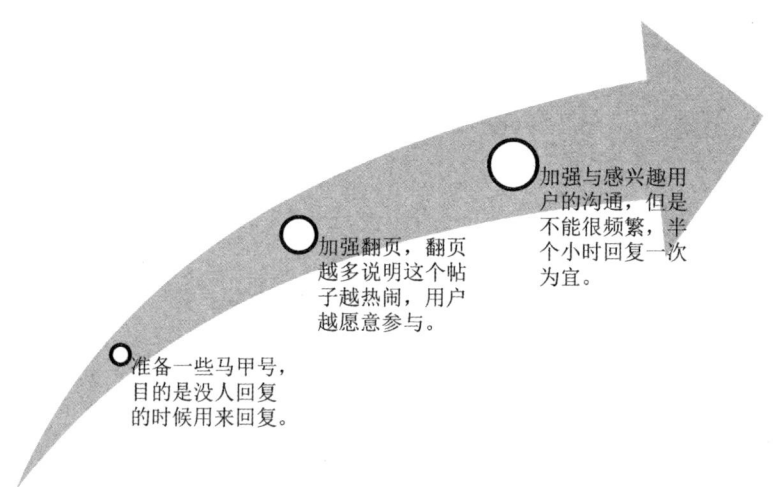

2. 利用豆瓣小组

豆瓣内部也有异常大的流量，那就是豆瓣小组。豆瓣有数以万计的小组，这些小组是某一类具有相同爱好或者同一关注点的人聚积在一起的讨论区。这些豆瓣小组是异常精准的流量，这就相当于论坛了。

要在豆瓣小组混得好，比较好的思路是忘掉营销，先抱着分享的心态去互动。混个脸熟，聚积好友。就如同微博和微信一样，只要你的粉丝足够多，就什么都好办了。

另外，在小组中发的帖子，在搜索引擎也比较容易搜到。

豆瓣小组的分类是非常详细的，所以从事微商的时候，就要根据自己所要推广的产品种类来选择要加入什么样的小组，加入小组以后可以根据成员列表找到你的目标用户。

还可以在群组里面发帖子进行推广，帖子一定要以分享为主。

如何写一个好的帖子呢？

3. 巧用书评

豆瓣网上最吸引人的地方就是豆瓣读书。可以在每一本书下面写书评,然后在开头或者结尾加上一句:我是在当当网买的,才25.8元,网址www.×××××××.com(购买链接是你的联盟链接)。

你若是不会写书评,则可以去当当网或者卓越网上找到这本书,然后复制其他人写的书评就可以了。

愿意看这本书书评的人就是对这本书最感兴趣的人,此时如果被他看见一个很便宜的购买链接,你说他会不会心动呢?可以肯定地说,这么精确定位的流量转化率永远是最高的。

妈妈族引流

可以下载一个妈妈族软件,里面都是一些渴望学习带孩子经验、保养护肤经验的妈妈,可以说都是微商的精准客户。多在妈妈族里分享一些对她们有帮助的信息,建立信任和情感。

具体做法如下:

多去妈妈族里露脸,分享一些实用的教育孩子和女性保养的经验,先与粉丝打成一片,拉近关系,当关系到一定程度时可以往微信上引流。

发帖的时候一定要把你的回帖扩充到上百条,曝光率就会更高。前提是你发的这条信息具有吸引力,可以做一些有吸引力的活动,比如说免费赠送高价值的礼物,或加你为微信好友可以获得微信红包一个,就会有很多人来咨询。要求咨询的好友先加微信号,然后再赠送礼物,这样他们是很乐意的。

同行互推引流

同行互推是目前有效的线下引流方法之一,有很多微商在使用这个方法,效果也非常不错。社交基于朋友的推荐和分享,能够降低用户的疑虑和担忧,对你所分享的内容会好奇,能够产生潜意识的信任感。

同行互推技巧

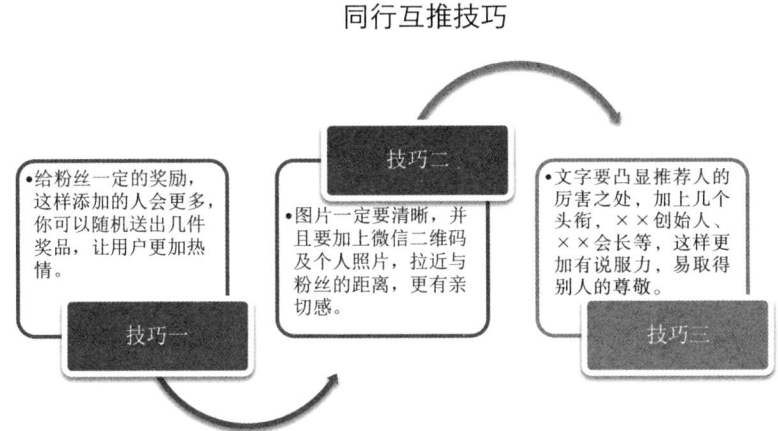

具体操作方法:假如你是卖××面膜,B是卖××特产,你在朋友圈里推B的××特产;B在朋友圈里推你的××面膜。推荐过后马上就会有人加你,咨询你的产品。互推产生的粉丝都是精准有效的粉丝,因为如果对产品没有兴趣,一般就不会加你,加你的都是你的意向客户,可以实现快速转化。

> **微商攻略总结**
>
> 需要注意的是如果形成一个互推联盟,组织性的互推效果会更大,曝光面也会更广泛。

店铺线下引流

如果你本身线下有店铺，只要把来你店里的客户的联系方式留下就可以了，比如说你可以用送礼物的方式或办会员卡的方式，这样客户就很乐意留下联系方式，然后加他们的微信，在朋友圈第一时间更新新款产品，客户自然就关注到了。这个方法尤其是对一些传统的连锁餐饮、化妆品、服装饰品店等非常适用。

只要你把所有进店的客户都加上微信，你就能在微信上面做生意，这样的话可以提升整体开单率，因为线下见过面，已经有了信任，通过在朋友圈宣传就很容易产生购买行为。

如果一个护肤品店，每天进店散客有100人，一个月就有3000多人。这些客户都是进来看几眼就走的陌生客户，你可以用加微信送体验面膜的方式吸引顾客，一定会有很多人来领取并且留下微信号，如此一来微信好友的数量将明显增加。

当店里有什么促销活动或上新款产品时，只要将图片发到自己朋友圈，就有很多人看到，慢慢地积累，朋友圈下单的客户也会逐渐增多。试想一下，你发一条朋友圈受众就是你店里一个月的人流量，其效果一定是非常可观的，通过这种方式直接将利润提升。在传统生意流量越来越小的情况下，结合线上的模式能够帮你增加销量。

化妆品、水果、鞋店等可以复制操作，都是一样的引流方法。

宣传单引流

在宣传单上面印上自己的产品以及自己的微信号，另外加上一些接地气的福利优惠，比如"加我好友有机会免费获得体验产品"，然后可以去地铁口发传单。

还可以跟当地快递人员谈合作，让他们帮你去发下宣传单，做下宣传。因为快递人员每天收货送货，接触的人群都非常喜欢网上购物，你可以让快递人员在送货的时候顺便拿给客户一张你的名片，让他们加你的微信号。

这种方法也适合地区代理，跟快递人员合作这个市场很庞大。这样宣传你的好友自然会快速增加，产品销量也自然会大幅提升。

附近的人引流

附近的人有两种。

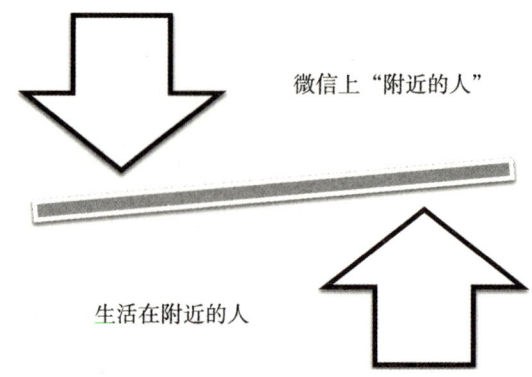

微信上"附近的人"大家可以通过设置一个吸引人的头像以及签名，以打招呼的方式去添加好友，这里重点讲下如何引流生活在附近的人到微信上。

如果你是在线下有实体店的微商，可以利用实体店引流生活在附近的人。

比如说你在小区里面开了一家水果店，你可以通过在小区宣传自己的微信二维码的方式添加好友。每一个来这里购买水果的用户你都可以把他留在微信里，添加微信好友可以免费试吃一种新上市的水果。这样既把新市场打开了，又加到了粉丝。

还可以提供水果外卖服务，在微信上直接下单，可以享受免费送货上门服务，无需服务费。城市里的青年都有懒惰心理，他们希望可以坐在家里就有水果吃。而水果是重复购买率较高的消费品，基本每家每天都要吃水果，吃完又要买，在哪都是买，不仅可以送货上门，还可以享受一定的优惠，何乐而不为呢？

也可以在水果上打上自己的微信二维码进行宣传，通过线下实体店这种方式加到的客户都很精准，都有机会成为你的客户。线下能够见面，这样信任度很容易建立起来。通过细致到位的服务打动消费者为你做口碑宣传，这样形成了裂变反应。对于不在附近的人可以快递过去，这样客户就更多，销量自然也就更多了。

产品包装引流

很多微商忽略了在产品上做宣传。产品设计好了,也能够为你带来粉丝。前提必须是给用户带来实惠,只有这样客户才乐意去加你,并且会推荐朋友添加你。

具体方法如下:

1. 在产品包装上打上自己微信的二维码,吸引用户添加你的微信。

2. 在包裹上也可以打上二维码。包括产品吊牌、产品说明书。在设计时,都应该留出地方用来做微信二维码推广。

3. 在品牌宣传期刊上利用封面引导粉丝关注微信。

4. 可以公开信的形式进行品牌沟通,这样既建立了彼此之间的情感,又可以在文末推荐微信二维码。

微商攻略总结

不管以哪种方式吸引粉丝来扫描你的二维码,你都要给予用户一定的好处,并且在设计时要有互联网思维,让用户感到有趣好玩,自然就添加你的微信了。

海报专柜引流

通过在线下如地铁口人流密集的地方,制作诱人的海报,让路人扫二维码换取礼物,这样吸引过来的流量绝对是精准度较高的。

具体方法如下:

1. 直接去夜市摆地摊,设计一张海报,通过买面膜送产品的形式,让顾客扫二维码,一方面可以销售面膜,另一方面可以加微信好友,为招代理做准备。

2. 直接去地铁站人多的地方,挂一张打上二维码的海报,让人们扫描二维码,给他们一些奖励或微信红包一个,这样一来增加了信任感,二来好友数量有了,为你的产品营销做了铺垫。之后经过互动,她们购买你的产品的几率会很高,因为有了线下的见面和线上的互动,情感链接比较牢固,所以后续就很容易成交。

微商实战案例解析9：公众号强大的内容营销能力

刘芳原来是一个打工妹，本来在一个葡萄酒主题会所做服务员。她比较爱好写作，常常会在各大论坛（天涯、猫扑、西祠胡同、榕树下等）和微博上写一些专栏。当公司老总得知这一情况后，让她做微信公众号。一开始她真的不知道如何去做，但这是老总下达的任务，无奈只得硬着头皮上了。

刘芳的公众号2014年2月开始运营，维护了近两年，分享葡萄酒知识以及葡萄酒资讯，公众号订阅用户积累到百万左右，在2016年1月20日用公众号做到日销售额5万元。

总结她的微商成功经验，最重要有两点：

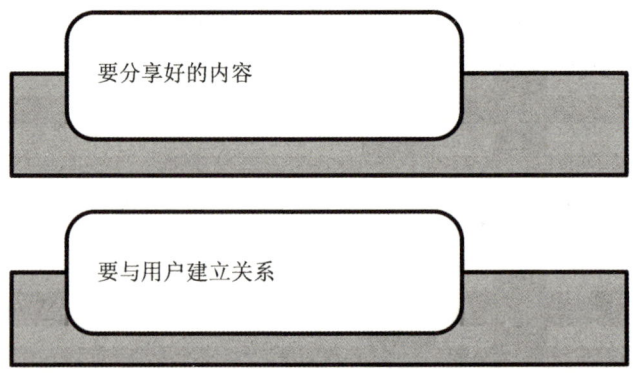

第 9 章 微商引流——线上引流+线下引流

要分享好的内容。 分享好的内容有3个原则，如下图所示。

内容要与微信公众号的定位相符。	内容必须是干货。	内容需要好的排版和校对。
•内容的定位应该是一个过程，一开始刘芳的内容是葡萄酒知识视频和图文。文章都是关于葡萄酒资讯和葡萄酒品鉴的。	•刘芳没有做什么特别的活动，就是收集大量对粉丝有用的葡萄酒资料，然后到论坛发布，内容里有她的微信号。	•在发布之前刘芳通常都要在自己的手机上看几次。每次都有一定的调整，会在不同屏幕的手机和平板上反复看。

要与用户建立关系。 当初，刘芳维护微信公众号近一年才有了10万用户，而她在腾讯媒体开放平台Wine knowledge发表文章不到半年，就已经有100万订阅者。如果按照10万用户消费了5万元，每人消费约5角钱，那么100万的订阅者应该有50万元的销售额，但实际却是0。为什么媒体开放平台和微信公众号有这么大的差别？归结原因应该是有没有与用户建立关系。

如何与用户建立关系？刘芳认为能不能在公众号上与用户建立关系，与内容是否是原创，没有太大关系。确实有人经常写长篇的原创文章，前期也会得到很多人的关注，但后来用户却会渐渐减少。

为什么呢？因为他们与用户缺少互动，用户看不到他们的人。

摘编的内容就不能与用户建立关系吗？刘芳不这样认为。她其实很少发布原创文章，像很多公众号一样，她的大部分文章也是摘编来的。但她与自己的用户建立了关系。刘芳的订阅用户基本上都能感受到她在用心维护营运公众号。

内容重要,关系更重要。怎样建立关系,怎样建立自己的"魅力人格",其通过几句闲谈(文字、图片、语音都行)就可以达到这个目的。闲谈也是"魅力人格体"。

第 10 章　微商实战营销技巧

如今,各种微商平台汇聚了全国各地的商界精英,在高手如云的网上卖场,为了争取有限的客户,必然需要使用一些营销技巧,才能获得属于自己的市场份额。那么,怎样来适应这个竞争激烈的行业?怎样保证店铺能在微商大军中占据一席之地?作为职业或兼职微商应该怎样努力来保证店铺的发展和商品的畅销?本章将介绍一些促使微商交易达成的实战营销技巧,让你的店铺生意节节高升。

口碑营销：提升店铺形象

口碑营销的运用范围非常广泛，微商口碑营销就是网民们口口相传，主动提高店铺传播效率，为店铺提高美誉度、品牌知名度和产品销量。

微商进行营销时，口碑话题威力的强弱，直接影响口碑营销传播的效果。在这个信息爆炸的时代里，网民对广告具有极强的免疫能力，只有创造新颖的口碑传播内容，才能吸引大众的关注与讨论。

微商营销中的口碑营销，既能传播店铺的相关信息，打造网络好口碑，又能提升店铺的形象，增加网络的曝光度，吸引用户关注店铺的产品和服务。口碑营销有3大原则，如下图所示。

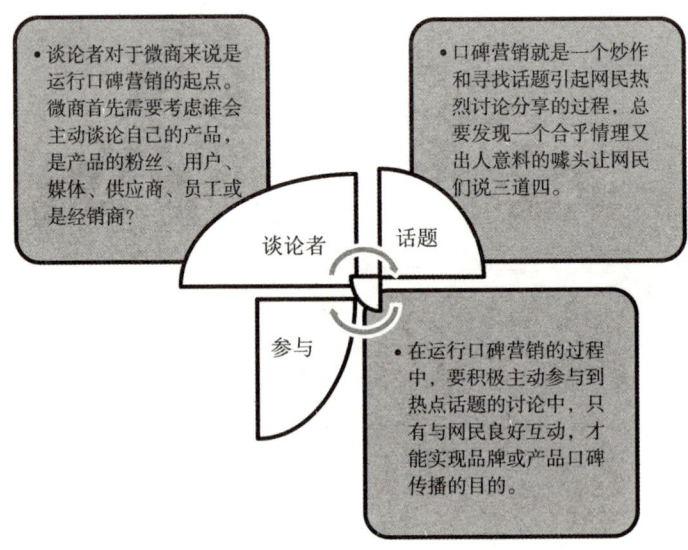

口碑营销不管是在线上还是线下，都是微商做营销活动的好帮手。不过很多微商在运行口碑营销时，都会遇到各种各样的难题，甚至出现无从

下手的情况，于是有很多微商就打了退堂鼓或是不再重视口碑营销。

显然这是不应该的。一种营销方式的盛行，必然有它自身的优点，微商既然选择了一种网络营销方式进行营销活动，就要坚持到底并做到最好。但是怎样才能做好口碑营销呢？

下面介绍口碑营销的步骤，大家可以用来借鉴，拓宽自己的方式方法。

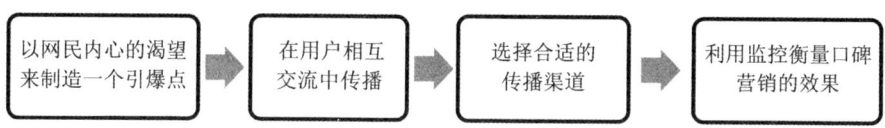

第一步：制造一个吸引眼球的引爆点

微商想要做好口碑营销，首先要制造一个吸引眼球的引爆点，这样才能让更多的网民关注、讨论、评价。这个引爆点只有让网民感兴趣，并自愿把这个事情告诉身边的朋友，才有可能引发口碑传播，为店铺免费宣传，直至达到营销的最终目的。

这个引爆点往往都是根据网民的需求引发的。微商要了解网民关注的事、网民的心理、最想看什么、最想了解什么……以网民内心的渴望来制造一个引爆点，吸引他们的注意。

如在海底捞吃过饭的人，应该都享受过打包就送个西瓜的服务。从这点可以发现，海底捞的核心就是口碑。它的服务非常贴合人群的心理，在外吃剩下的东西，不打包觉得浪费，可是有时候打包又觉得麻烦或者不好意思。然而海底捞用送西瓜鼓励消费者打包的行为，可以让他们解开心中的纠结，从而在网络上为海底捞宣传、传播其服务的贴心和到位。

海底捞的这一举措，使其自身也使很多其他商家都意识到了口碑传播的强大，从而不管在线上还是线下都会开展口碑营销活动，学会制造一个好的引爆点，吸引网友们的热议和传播。

第二步：在用户相互交流中传播

在口碑营销中只有引爆点是不够的，口碑营销最核心的要素是用户在相互交流中的传播。所以还要有足够的可谈性话题，才能通过网民把产品传播出去。

如今最好的产生话题的地方就是微博的"热门话题"了，微商可以利用"#热门话题#"来发布话题，只要话题新颖并与时代接轨，就能很容易地引起网民的热议。

第三步：选择合适的传播渠道

微商在做口碑营销的时候，应该根据自身产品、目标对象和话题选择合适的传播渠道。网络传播具有主动性，如果采用得当，其效果是非常惊人的。同样是以一件事件为传播内容，在受众对象常出现的论坛、BBS、博客中发布信息，然后再通过意见领袖来引导传播，其效果就会被数倍放大。这里的意见领袖就是可以影响传播对象的公众人物或专家。例如，传播对象是追求时尚的少女，那么一些偶像明星的言论对他们的影响就是非常大的。

第四步：利用监控衡量口碑营销的效果

微商在运行口碑营销的过程中，要利用监控来衡量口碑营销的效果，而监控的重点就是数据，因为数据是最能反映口碑效果的。不同的传播渠道，有不同的监控数据。例如，通过微博运作，监控的数据主就是转发量、评论次数、点赞次数等。

微商攻略总结

要预防产生负面的口碑效应。每个人的看法和意见是不同的，如果发现了负面口碑的苗头，微商就要及时想办法，尽量不让负面口碑扩大化。

第 10 章 微商实战营销技巧

病毒营销：扩大自身影响

什么是病毒营销？

病毒营销就是利用信息传播的技巧，通过消费者将信息传播出去，从而迅速扩大自己的影响。

从病毒营销的定义来看，与人们通常说的"口口相传""关系营销"没有什么差异。但是，病毒营销因为有效地结合了口碑营销、关系营销这些元素，从而成为了一种强大的营销手段。

1. 病毒营销的优势

病毒营销具有一些区别于其他营销方式的优势。

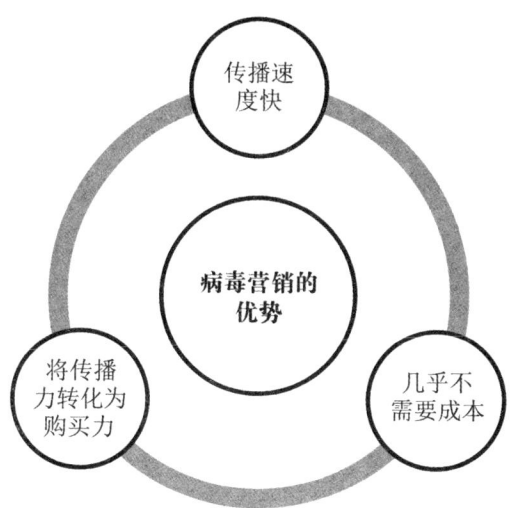

传播速度快。病毒营销是扩张性的信息推广,它是通过类似于人际传播和群体传播的渠道,将产品和品牌信息由网民递给那些与他们有着某种联系的个体。

例如,一个网民在微博上看到了一条有趣的微博,他的第一反应或许就是转发这条微博并@好友或私信好友,无数个参与的"转发军团"就构成了庞大的传播主力军。

几乎不需要成本。病毒营销是利用目标受众参与的热情而发展壮大的,几乎不需要成本。当然渠道使用的推广成本还是需要的,只不过网民受微商的信息刺激自愿参与到后续的传播过程中,微商推广成本相对其他营销手段要少一些。

将传播力转化为购买力。网络产品有自己独特的生命周期,一般都是来得快去得也快。病毒式营销的传播过程通常呈S形曲线,即在开始时很慢,当其扩大至受众的一半时速度加快,而接近最大饱和点时又慢下来。针对病毒式营销传播力的衰减,只有在受众对信息产生免疫力之前,将传播力转化为购买力,方可达到最佳的销售效果。

2. 病毒营销的操作步骤

一个完整的病毒营销要经历4个步骤。

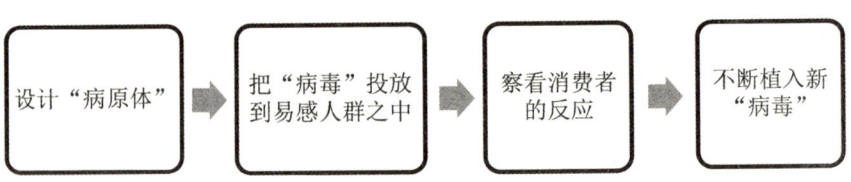

微商只有做好了这4步的工作才能使病毒营销的功效发挥到最大。

第一步：设计"病原体"

设计"病原体"可以看成是病毒营销的起步阶段，它是整个病毒营销开展的基础，没有这个阶段对"病原体"的设计和"病毒"的转换，就没有办法进行下面三个阶段的工作。

在设计"病原体"时，为整个阶段打基础的工作是市场调查。微商对市场信息的良好把握，为"病原体"的设计以及"病原体"能否迎合消费者的需求等提供保证。有了对市场情况的详情了解，接下来的"病原体"设计就有的放矢了。

对"病原体"的精心设计是这个阶段的主要内容。想出能击中顾客心灵的独特创意，制造出有着独特的利益点、包含着流行元素并能够引领时尚的"病原体"，决定它们是以在线方式还是以下载方式存在，再对"病原体"进行包装，把你的产品信息嵌入其中，然后决定通过什么渠道来传播"病原体"。这一切，都为后续过程中的"病毒"大范围传播奠定了基础。

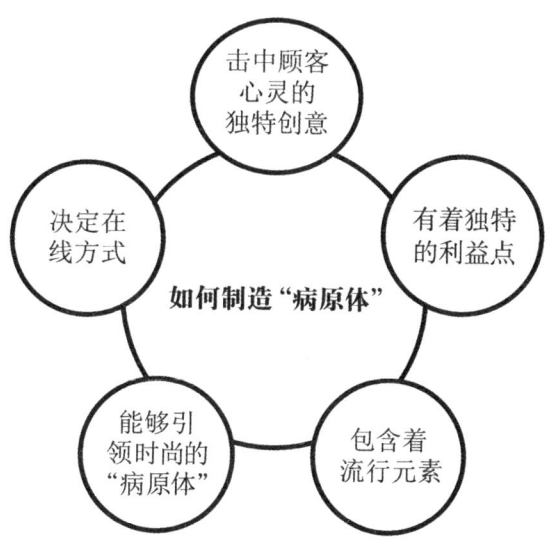

设计"病原体"这个步骤是万万不能马虎的。你的"病原体"如果在此阶段得不到应有的重视,你没有对它进行精心构思,希望以后能给你带来期望中的利益,那简直是不可能的事情。"一分耕耘,一分收获",用这句话来说明对"病原体"转换的付出及所得是十分合适的。

第二步:把"病毒"投放到易感人群之中

"病原体"被精心设计出来以后,就进入了下一个环节——把"病毒"投放到易感人群之中。这一步,最为重要的工作就是将"病毒"投放到免疫力低的易感人群之中。

病毒营销能否成功很大程度上依赖于这个阶段对易感人群的激发能力,一旦易感人群参与了"病原体"的传播,病毒营销就登上了加速度的传播快车。

如何投放"病毒"		
通过各种方法造声势,为它的广泛传播推波助澜	通过某个网站下载	免费试用

至于"病毒"的投入是选择一个点进行深入传播,还是选择大范围的传播,这些都是在"病原体"设计阶段就已经选择完成的内容,而投入阶段就是一个按照计划实施的过程,同时也是开展一些具体活动、采取一些具体措施、调动公众积极性的过程。

第三步:察看消费者的反应

察看消费者的反应是体现病毒营销结果的阶段,也是收获的阶段。"病原体"已经成功到达消费者身边,能否起作用就看这个阶段中的消费者反应了。他们也许会因为对"病毒"的感情,而爱屋及乌地选择你的产品;也许只是关心"病毒",不会对产品发生兴趣。在这一步,微商需要为"病毒"传播提供服务,以求这方面的工作能够带来"病毒"传播效果的凸现,以及消费者对产品的青睐。

为消费者的反应适时地提供增值服务有助于销售。在这个收获的阶段,千万不要怠慢了"病毒"传播中对消费者的服务提供。

第四步:不断植入新"病毒"

在"病毒"反应时已经实现了最终目的——把产品或服务推销出去。目的已经达到了,为何还会有第四步——不断植入新"病毒"呢?

随着消费者对"病原体"的了解,他们对"病毒"的热情会丧失,病毒营销的传播力也会衰减。为了吸引消费者继续参与传播就要及时更新"病毒",不断植入新的"病毒按钮"。只有不断出新,才能摆脱由于消费者对"病毒"的太过了解而产生的麻木状况。

例如,歌曲《大学生自习室》的Flash已经出现了20多种不同的版本。它的及时更新为其继续更为广泛地流传奠定了基础。

所以,如果想让"病毒"不断发挥功力,就不能忽视病毒的更新。更新"病毒"比设计一个新的病毒营销方案要快得多,而且成本也低得多。

分类营销：有针对性的营销

当你的微商事业进行一段时间后，你会发现一个问题：微信好友大量增多。这时，你会忘记客户的真正需求，不知道这个客户需要什么，那个客户是不是可转换的。针对这一情况，微商应该怎么做呢？

答案就是：分类营销！只有将客户有效分类，才能更有针对性地进行营销。

那么，如何将现有客户进行有效分类呢？下图所示是最适合微商客户分类的方法。

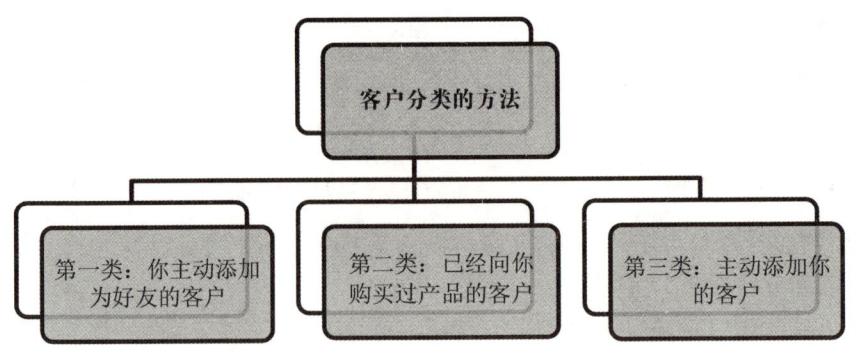

第一类：你主动添加为好友的客户

这类客户彼此都不了解，应该多宣传产品的品牌故事，让客户知道你是做什么的，并且用故事打动他。另外要多和客户沟通，了解他的"痛处"，然后对症下药，为客户提供一套解决方案。

第二类：已经向你购买过产品的客户

针对此类客户应该添加星标，作为重点维护对象。因为已经向你购买过产品的客户是很有可能形成二次购买的，尤其是做快消品的微商，客户二次购买的频率会更高，维护好了客户回头率自然会更高，服务做到位了转介绍的几率也会大大增加。

另外，朋友圈也应该重点分类，方便通知不同客户一些新款产品的发布，不要发一些没有必要的信息骚扰客户。应该一对一给他们发送信息，以示尊重，切忌群发。建议节日或者一些问候要一对一进行发送，最好加上称呼。这样服务起来，在客户心中的口碑自然会更好。

第三类：主动添加你的客户

针对此类客户要单独分类，发布产品提醒查看并且看其反应，此类客户应当备注名字，这样才不会忘记。多和他们互动、交流，从交流中了解客户心中的需求点，然后再做情感链接，建立信任。

为了便于你直截了当地看懂这一方法，特绘制出分类解析图如下所示。

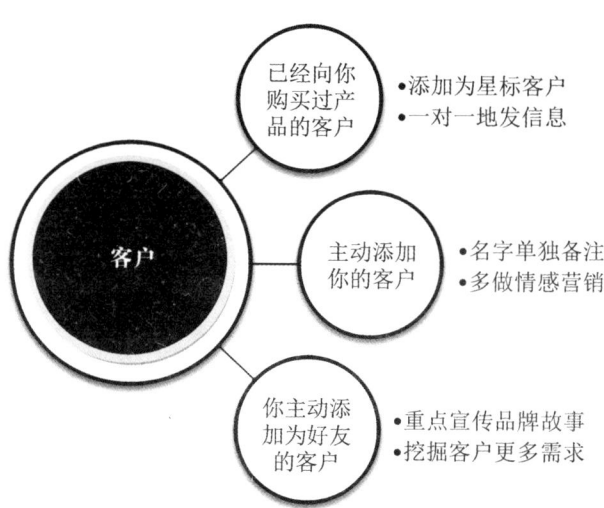

视频营销：吸引精准粉丝

微商的视频营销，总结起来有3个技巧。

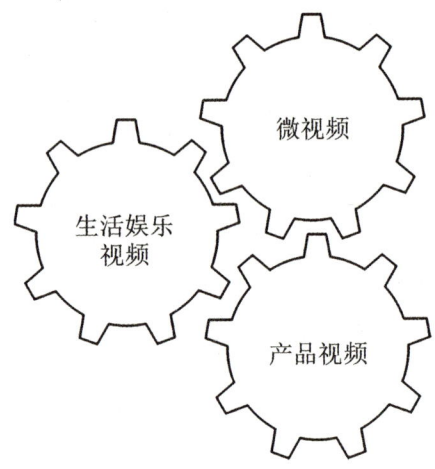

1. 产品视频

做微商，不管你卖什么产品，你都要向客户介绍产品的使用方法和注意事项等。以护肤品为例，护肤品的使用方法一般都很复杂，用文字很难表达清楚。

很多微商都是以使用步骤组图的形式分享在朋友圈，可还是会有很多客户询问怎么使用。这样耽误时间不说，有时候还会让你觉得烦躁。其实你只要把护肤品的使用步骤用视频拍下来就可以搞定一切。

拍视频的时候，要特别注意在身旁放一张纸或一个木牌，写上你的微信号，这样不但可以让别人知道你的微信，而且可以防止别人盗用。即使被别人真的盗用了，也相当于帮你做宣传了。

接下来就是分享视频，你可以分享在朋友圈，也可以分享在优酷、爱奇艺、乐视等视频网站。在这些视频网站分享的时候一定要注意标题。

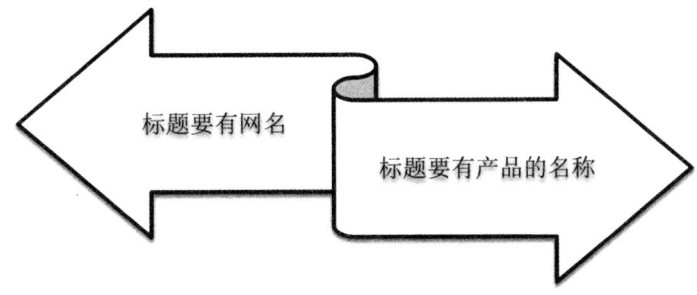

因为视频可以被百度搜索引擎抓取，而抓取的规则就是识别关键词。这样当你分享了很多视频之后，再有人搜索你的网名，就可以看到你的产品以及你的微信号了。这里不建议大家直接在标题上添加微信号，因为搜索引擎会限制。

2. 生活娱乐视频

很多微商都是女生，而很多女生都喜欢宠物，你可以拍些宠物的搞怪视频分享到网络上。可能有的女生不喜欢宠物，那你一定有什么才艺，如果你会跳舞，或者轮滑、钢琴、小提琴之类的都可以。如果这些都不会，那就跳个广场舞吧。

当然，不一定非要是你自己的视频，你也可以找一些生活中遇到的搞笑好玩的事情，可以是别人的化妆品使用反馈视频，可以是两个老者在一起下象棋的视频，也可以是大街上感人一幕的视频。你只要把这些视频分享到视频网站或者类似美拍一样的软件上，就可以在以后收获到意想不到的结果。

3. 微视频

微电影大家都看过,这就是很好的宣传方式。在资金的支持下,把自己的产品广告和微信巧妙地植入到微视频中,再给自己打造一个和你从事的行业相关的人物形象,你就是自己的明星。如果幸运的话,视频被广泛传播,你的粉丝就会快速增长。

微视频拍摄要考虑很多问题,这里就不再展开叙述。另外拍摄微视频需要很长时间,所以重要的不是微视频的数量,而是质量,只要有一个视频火了,就可以带来很好的效果。

视频是一个富媒体,它比文字和图片更具丰富性和真实性,作为微商,不能忽略生活中的每一个细节。

第10章 微商实战营销技巧

价值营销：创造出新的竞争优势

消费者在购买一件产品之前，通常都会在心中衡量这件产品的价值，看是否值得购买。当消费者只看重产品的价格高低时，则很难达成交易；当消费者看重的是这件产品的价值时，则可以顺利达成交易。

这就是微商的价值营销。

价值营销是微商对抗价格战的出路，也是微商真正成功的关键所在。价值营销是相对于价格营销提出的，它通过向顾客提供最有价值的产品与服务，创造出新的竞争优势来取胜。

微商价值营销的技巧有两点，如下图所示。

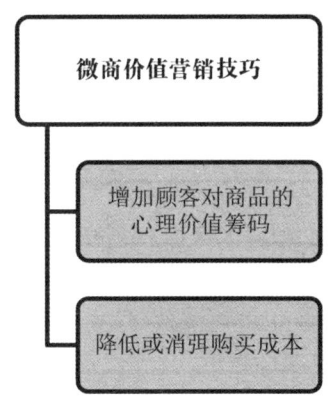

1. 增加顾客对商品的心理价值筹码

一件商品的价值不完全是由其物理属性决定的，更多的是由消费者的心理因素决定的，无论这个商品实际价值是多少，消费者心中对这个商品的价值认知都有自己的一个定位。这就造成了一件商品在不同名气的店铺里有不同的价格。

当一件商品的物理属性价值无法提升时，微商可以增加顾客对商品的心理价值筹码，使交易天平向商品价值一方倾斜，从而提高成交率。提高商品心理价值的方法有很多，不同的行业需要根据行业特点和自身情况进行探索，以下介绍4种基本通用的方法。

增加顾客对商品的心理价值筹码的方法			
保证主体商品不降价，但是附赠一些小赠品	创造品牌信仰，最终形成强烈的品牌忠诚度	根据自己的商品特点来设计终端	为商品起一个带有情感内涵的名字

方法1：保证主体商品不降价，但是附赠一些小赠品。现在的微商市场中，产品一旦滞销，大多数微商认为是产品已经缺乏竞争力，急忙加大广告投入、提高促销力度、升级或淘汰产品等，最常用的方法就是降价打折。降价的确可以促进销售，但也具有两大致命缺点：丧失产品利润并对品牌形象造成损害。此时，为了不损害商品价值与利润，微商可以采取一种"丢车保帅"的做法：保证主体商品不降价，但是附赠一些小赠品，这样一来，既保住了品牌形象，又赚足了利润。

方法2：创造品牌信仰，最终形成强烈的品牌忠诚度。品牌文化是指通过赋予品牌深刻而丰富的文化内涵，建立鲜明的品牌定位，并充分利用各种强有力的内外部传播途径形成消费者对品牌在精神上的高度认同，创造品牌信仰，最终形成很高的品牌忠诚度。

品牌文化可以为商品创造出心理价值超过物理价值几倍、甚至几十倍的奇迹。例如，星巴克、哈雷、香奈儿等品牌都是在用品牌与文化等感性价值因素而赚取超过其他品牌几倍的溢价。

方法3：根据自己的商品特点来设计终端。一件商品摆放在不同场所，其价值便会不同。比如，同样一件衣服，在普通淘宝店卖50元，摆在天猫店里卖200元，在官方旗舰店则可以卖到500元。在几个不同的地方销售同一件衣服，为什么价格差距会高达十倍？因为前者是以牺牲利润来体现商品的相对价值，而后者则是通过环境提高了商品的心理价值。因此，恰当的终端布置可以有效提高商品价值，微商应该根据自己的商品特点来设计终端。

方法4：为商品起一个带有情感内涵的名字。当一件商品具有了感性的因素，就可以打破价格的桎梏，让情感因素来为商品加分。比如，为商品起一个带有情感内涵的名字、品牌背后有一个感人的故事等。

2. 降低或消弭购买成本

根据微商行业的不同，消费者购买成本的构成也不同，大致可分为4种，如下图所示。

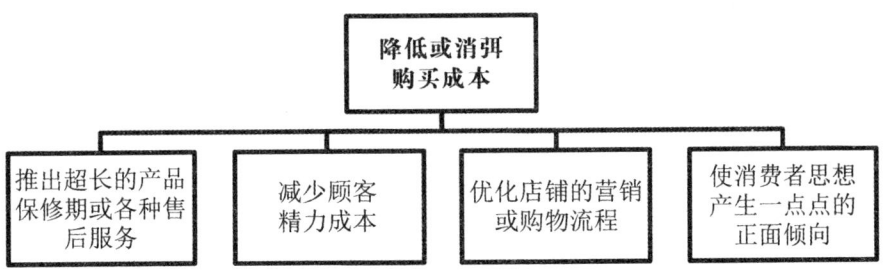

微商可以通过以下的方法来降低或消弭这些成本，从而促进消费者的购买意愿。

方法1：推出超长的产品保修期或各种售后服务。由于微商是通过网络开设的虚拟店铺售卖商品，在顾客看来，其风险成本非常高，他们购物时前思后想，小心翼翼，唯恐做出失误的购买决策。因此，微商可以推出超长的产品保修期或各种售后服务，降低消费者的风险心理。

另外，还可以为产品找到消费者信任的品牌背书。比如××机构权威认定、××专家推荐、获得的荣誉、其他消费者的反馈信息等。总之，根据自己行业的特点，把消费者购买时的各种顾虑与风险消除，将可以有效提高销量。

方法2：减少顾客精力成本。根据行业的不同，减少顾客精力成本的方式也有很多。比如送货上门、在网络上开设虚拟店铺、一站式购物等。

方法3：优化店铺的营销或购物流程。俗话说"时间就是金钱"，减少顾客的时间成本非常必要。微商可以优化店铺的营销或购物流程，尽量减去那些多余的、麻烦的步骤。

方法4：使消费者思想产生一点点的正面倾向。选择成本是指当消费者花费了一定的人力、物力，搜寻到相关的信息，建立起备选集之后，做出择优决策过程阶段所发生的成本。在购物过程中，当消费者要选择购买某个商品时，总是会在头脑中本能地和多个替代性商品进行比较，此时一个微小的思维波动就能改变消费者的消费决定，微商如果能使其思想产生一点点的正面倾向，交易即可达成。

例如，微商可以采用免费试用、无条件退货、全国联保、假一赔三、品质承诺、发货时间承诺、破损补寄、指定快递、到货承诺等。消费者一旦购买了某件商品，如果没有其他问题，用习惯后，没几个人愿意费时、费力地去退货。

第10章 微商实战营销技巧

活动营销：增强粉丝的黏性

所谓活动营销，就是通过活动传播产品信息，实现提高产品曝光度的目的。好的活动可以一举两得，不仅宣传了产品，而且还可以增加微友。适当做一些有趣的活动，能够增强粉丝的黏性，让粉丝感觉到你的价值。

究竟如何策划高质量的营销活动并且将活动提升到最大的转化率，接下来将一一解答。

1. 活动营销的5大核心要点

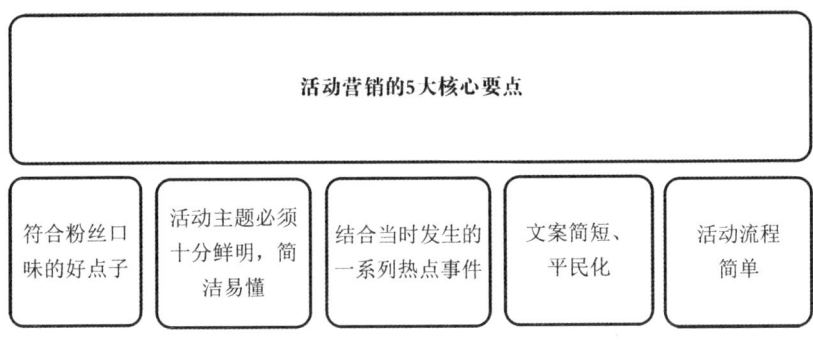

做活动要有好的点子。唯有富有新意的点子，方能吸引用户参与。好的点子首先要符合粉丝的口味，你的活动必须是粉丝想要看到的，这样整场活动的参与度会很高。需要去做调研，调查粉丝对哪些活动感兴趣，你可以一对一和粉丝互动，看他们喜欢什么样的活动，也可以去粉丝朋友圈观察他们的性格特征来出点子。

活动主题必须十分鲜明,简洁易懂。最好让粉丝一看到就明白是什么活动,玩法是怎样的。很多微商做的活动,可能很多参与者都不明白是什么意思,这是由于主题不够鲜明。确保活动简单易操作,参与度会更高。

结合热点事件炒作。要想你的活动成为热点,最好结合当时发生的一系列热点事件,这点杜蕾斯做得就非常好,常常一个热点事件出来,杜蕾斯5分钟就可以结合自己的品牌做出一个活动或话题来。微商也应该想办法让自己的产品与热点事件结合起来,曝光度会更高。

文案要简短且吸引人。你的文案不要过长,要有平民化的特征,用户参与度会更高。

流程越简单越好。活动流程不宜太过复杂,活动步骤宜简洁以保证用户的参与度。

2. 活动营销实战技巧

微商常用的活动营销有4大技巧。

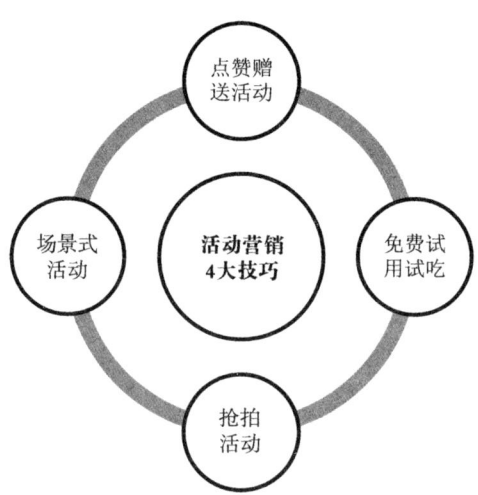

一是**点赞赠送活动**。虽然腾讯打击了一些非法的集赞活动,但是微商朋友圈集赞做活动确实是一个极佳的方法,因为裂变方式快,传播效

第10章 微商实战营销技巧

果好。

比如发布某个新款产品,第9个、第19个、第29个……点赞的,赠送这款体验产品。表面看是自己赔钱,但这个活动的主要目的是让客户能够体验你的产品。

一定要送店里有实力、有潜力的明星产品,因为一旦使用效果好,他们会主动找你继续购买。赠送不需要包邮,送面膜的最好能至少送两片,用一片没有感觉,还得付运费,有的人会计较运费的。这些活动还有个很大的好处,那就是当圈子里的人知道你经常做一些免费赠送礼物的活动时,他们都舍不得屏蔽你。另外可以要求粉丝帮忙转发集赞,赞最多的前五名给予一定的奖励等等,都是很好的推广活动。

二是免费试用试吃。 通过"免费"标题可以快速吸引微友关注,免费送产品,但不送邮费,让微友有条件得到产品。需要注意的是免费申请试用你产品的可能是你的竞争对手,免费送出去产品,要统计转化率,适时进行调整。

"免费"通常是最有杀伤力的营销手段,当年淘宝就是用"免费"这个大招就把易趣网超越了。微商不是大公司,最好设置有条件的免费送产品,那些愿意付出一点邮费申请使用产品的微友,才是最有可能以后买你产品的用户。

三是抢拍活动。 做活动时要拿接地气的产品、粉丝感兴趣的产品,参与的人会更多。建议用50~100元以内的产品,且实用性很强的东西来竞拍。产品一定要是大家有兴趣的,因为每个人潜意识都有贪小便宜的内心。做活动的主要目的就是增加人气、增加粉丝互动和黏性。竞拍做活动的产品要有一定的品质,因为它代表着你产品的品质。这些客户后续很有可能二次转化或者为你转介绍客户,所以开展活动吸引人的同时,产品品质也要有保障,这样做出来的活动效果佳,用户体验也好。

四是场景式活动。 通过一些场景式活动更能吸引到用户参与,例如摇骰子、划拳等,这种小型的游戏活动成本不高,但是在和客户的互动性上很强。输了就免费送试吃或者试体验,能够调动用户的高参与度。有创意、有趣、好玩、抓住时事热点进行营销推广,这个游戏能够直接增强微信好友间的互动性和黏性并且能扩大粉丝数。

3. 活动营销的操作流程

微商做活动营销分5步进行。

第一步:准备活动的文案。下表是活动营销文案的具体要求。

文字内容要求	标题不超过16个字。	正文内容控制在100～150字左右,太长了会隐藏,用户看也疲劳。	
图片要求	图片尺寸要合适,必须清晰美观。	图片最好用6或9张。	加上微信二维码用来做传播。
内容规划	通过分类信息互动找到用户的兴趣和爱好,并且做好客户分类。	研究用户都喜欢什么样的信息,根据调研做好标签分类,利用微信标签的分组推送功能有针对性地推送,避免恶性骚扰粉丝。	分析用户的朋友圈信息,可以进一步挖掘用户的数据。

第二步:选择推送时间。微商活动营销推送时间有3大技巧。

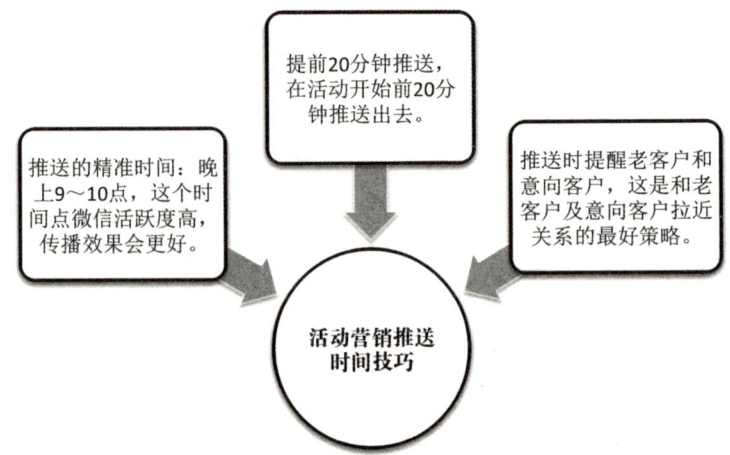

第三步：推送活动。素材都准备好了，就可以选择一个合适的时间点进行推送活动了。推送活动可以通过公众号、微信群、朋友圈联动推送，这样效果会更好。尤其是社群，要求大家帮你转发，活动参与度会更高。

第四步：和客户互动。实时消息要随时关注，解答客户疑问。并且要做好疑问答复的word文档客服手册，整理归类以方便后续查看。有关产品的介绍文字要精简，让客户感到明了易懂。

一个完整的活动最后应该还有一个活动效果评估环节，这也是策划活动者所关心的问题，活动评估可以从以下几个方面进行。

活动效果评估表

评估元素	内容描述
整场活动的成本以及一些费用	这都是微商们所关注的话题，比如说支出与回报比率等。
整个活动的覆盖率	也就是影响力，影响了多少人参与、品牌曝光了多少次以及提升其他产品销售是多少等问题。
将参与活动的人数统计分类，进行二次转化率的情况分析	了解哪些客户互动频率高。通过这次活动对粉丝增加的情况要做统计，以及对用户属性的分析（地区、年龄、性别等）。统计做好了，整场活动的效果也就知道了。
问题及意见的统计	对整场活动的情况、问题反馈及意见做一个统计，方便下次做活动的时候有针对性地改进。

饥饿营销：维持商品较高售价和利润

饥饿营销是很多微商惯用的营销手段，它是指商品提供者有意调低产量，以期达到调控供求关系，制造供不应求"假象"，推出抢购，以维护产品形象并维持商品较高售价和利润率的营销策略。

饥饿营销是一把双刃剑。如果微商将饥饿营销的技巧运用得当，则会名声大振，获得意想不到的收获。如果滥用饥饿营销，一旦被网友发觉，就会身败名裂，只会受到网民的唾弃与不屑。

国内很多微商喜欢做"抢购""限制"等营销活动来吸引网民的关注，吊足他们的胃口。那么怎样才能做好饥饿营销呢？

1. 饥饿营销的操作步骤

饥饿营销的操作步骤如下图所示。

第一步：加大网民对产品的关注

微商想要实施饥饿营销，首先要加大网民对产品的关注，通常"免费"和"赠送"是最能吸引用户的手段。

例如，小米手机一直都拿供货紧张来作为饥饿营销的方式。小米手机上市之初，按照公司之前发出的公告，首批成功预订小米手机的用户将根据排位顺序支付。

小米手机的定价一般都比其他国产手机低一些，而其低定价也只是为了吸引消费者关注。等网民都关注小米手机的时候，公司宣布供货不足。这在小米论坛上炸开了锅，很多网友在发求预订号的相关帖子。

由此可见，小米手机饥饿营销的目的达到了。它前期在网络上大肆宣传手机的好处，等到网民有兴趣想购买时，再宣布供货不足，引起那些想买小米手机的"米粉"出现恐慌，从而想尽一切办法购买。

第二步：建立起网民对产品的需求

微商在做饥饿营销的时候，只引起网民的关注是不够的，如果网民只关注而不购买，那么这个饥饿营销就无法继续下去。所以，微商在引起网民的关注铺垫下，还要建立起网民对产品的需求。

例如，微商要推出一款新产品，需要按实际情况来介绍产品，然后再推送有价值的礼物、代金券等，利用网民喜欢占便宜的心理，就能有效地调动他们的购买欲望。

第三步：帮助用户建立一定的期望值

微商在成功引起用户的关注、建立需求后，还要加一把火，帮助用户建立一定的期望值，让用户对产品的兴趣和拥有欲越来越强烈。

有很多微商在成功给出第一份礼物之后，就会详细介绍店铺的产品。这个过程可能会比较长，这样一来可以筛选掉那些没有耐心和诚意的人，二来就是可以让消费者充分了解店铺的产品。当然这时的介绍需要微商的讲解，让大家感觉到现场的火爆气氛，再加上微商极具煽动力的语言，很多消费者在瞬间失去了免疫力，想得到商品的欲望就会越来越强烈。

2. 饥饿营销的技巧

微商除了掌握饥饿营销的步骤，还要掌握其宣传技巧，这样在运用饥饿营销的时候就比较轻松，效果也可以相应提高。饥饿营销的宣传技巧如下图所示。

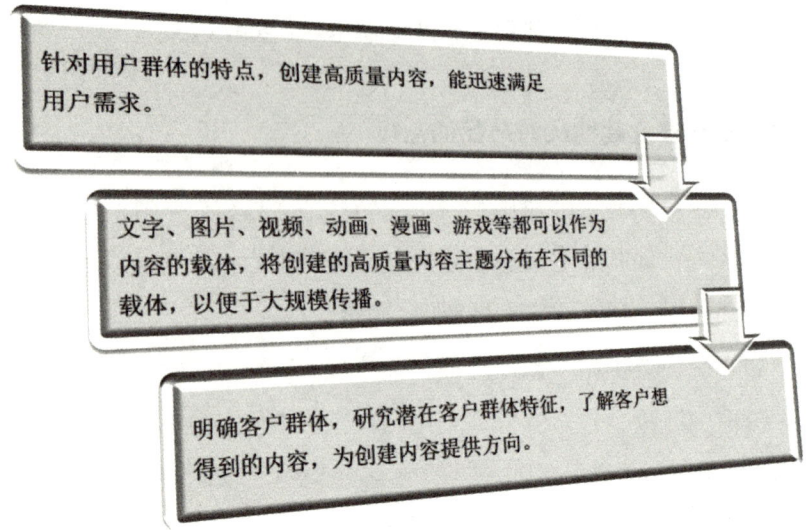

第 10 章 微商实战营销技巧

微商实战案例解析10：My Meals公司利用病毒营销摆脱困境

美国My Meals公司本是提供烹饪食谱的一个普通在线数据库网站，可它与众多食品供应商挂上了钩，让它们出钱在其网页上向广大消费者推出电子购物优惠券，冲浪者只要上到My Meals的页面，该优惠券就会跳出来供他们下载并在现实生活中使用。冲浪者下载这种优惠券越多，食品商支付给My Meals的钱也就越多，My Meals也就逐步摆脱了自身的经营困境。

为了确保电子优惠券被冲浪者点击，My Meals采用了由马萨诸塞州Data Sage公司(Data Sage Inc.) 提供的专门软件来追踪分析冲浪者的喜好：当某人在网页上询问卤汁肉面条时，该软件就会把此人视为意大利食品爱好者，显示出诸如夹蒜面包等其他意大利食品的电子优惠券；而当他在寻找适合儿童食用的通心粉及乳酪食谱时，他也将会看到供儿童饮用的软饮料。

My Meals公司从一个专门提供食谱的网站，转变成一个依靠推广购物优惠券来盈利的公司，而它的这个转变正是一种"病毒"的再造。

本来它使用"烹饪食谱"作为"病原体"来传播公司信息，后来它与食品供应商合作，借助"电子购物优惠券"来营销。表面上前后二者没有多大联系，但是实际上，它们都是与食物相关的信息。它们有着共同的"病毒"特性，能为人们的餐饮带来方便，只是后者更符合现在消费者的心理，大家希望得到看得见的实惠。所以，"电子购物优惠券"就成为了广为流传的"病毒"了。